聖人・托鉢修道士・吟遊詩人

ヨーロッパに盲人の足跡を辿る

永井彰子

海鳥社

本扉絵　聖オディール修道院中庭の聖オディール像＝吉武龍平画（カバー表も同様）
本文写真撮影＝吉武宗平

図１　「盲目の乞食が犬にひかれて歩む絵」（『ヴェルナー・シヨードラーのスイス年代記』、ブレムガルテン市町村文書館蔵）

図２　善光寺詣での琵琶法師の主従（国宝「一遍聖絵」〔一遍上人絵伝〕、第一巻第三段、善光寺参詣の場面、清浄光寺〔遊行寺〕蔵）

図３　豊後高田市山神社の農耕絵馬の盲僧（渡辺信幸氏提供）

はじめに

永井　彰子

二〇一〇年一月、「最後の盲僧」と呼ばれた宮崎県延岡市の永田法順師が亡くなった。法順師は琵琶を弾きながら経をよみ、千軒もの檀家を回って五穀豊穣、無病息災を祈ってきた。また、仏教の教えをわかりやすく説く釈文琵琶の伝承者でもあった。地域の人びとは法順師の弾く琵琶の音と読経の声に心の安らぎを託す。音と声による文化を担ってめぐり歩いた盲僧の歴史も、このとき幕を閉じたのである。

さて、日本の琵琶法師や盲僧に端を発し、韓国の盲覡《もうげき》や盲人読経師、中国古代の盲人楽師などに関して、私は盲人文化の視点から歴史的にその活動の一端を瞥見してきた(1)。これまで得られた知見を通して、漢字文化を共有するこうした社会の盲人たちの活動には、どのような共通性が認められるだろうか。

まず時代をさかのぼれば、盲人は生きてゆくために社会集団を形成し、それを拠り所として支え合ってきたことである。日本の当道座や盲僧座、韓国の盲庁、中国の三皇会と、いずれもギルド的な性格を帯びた同業組合を組織し、それぞれ多少の違いはあるが、音楽や語り物、占卜や呪術的な宗教儀礼の分野で活動した。さらに、そのような盲人集団が礼拝する対象には、仏教や道教をはじめ、自然神など民間信仰を取り込んだ多様な宗教的要素や伝統が混在する。また、歴史上や伝説上の偉人を集団の祖神とする場合も見受けられる。そして現在、最も多くの視覚障碍者が従事するのは按摩業である。まだ調査の途上ではあるが、大まかにいえば以上のような点が指摘できるだろう。

その一方で、なお関心をひきつけてやまないヨーロッパの一枚の絵があった。それは阿部謹也が著作集第三巻の章扉で取り上げた『スイス年代記』の「盲目の乞食が犬にひかれて歩む」絵である[2]（図1）。阿部はこの絵に「盲目の乞食が犬にひかれて歩む。傭兵隊の兵士の隊列の彼方には吊り首にされた死体と、そばに車裂きの車輪が二本みえる」と説明を加え、「ヴェルナー・ショドラーの年代記、一五一四年ころ」と出典を示した。そのほかにこの絵について言及した箇所は見出せなかった。絵そのものが小さくモノクロームだったことで想像がふくらみ、興味がわいたのかもしれない。盲目の乞食は右手に犬をひく綱を持ち、左手に杖、左肩には弦楽器をかけ、犬に先導されながら歩むようすが描写されている。薦田《こもだ》治子氏のご教示によれば、この弦楽器はリュートの特徴を備えているという。この場面からは盲人と犬との親密な関係が見てとれる。

図１　「盲目の乞食が犬にひかれて歩む絵」

日本の琵琶法師や盲僧も犬と組み合わせて類型的に描かれてきたが、その場合は、たとえば十三世紀末の『一遍上人絵伝』の琵琶法師の主従にみるように（図２）、あるいは二十世紀初めの絵馬の盲僧にみるように（図３）、犬にほえられ、追いかけられたりする構図で描かれるのが通例である。それが日常的な光景だったのであろう。それぞれ犬は絵の重要なポイントになっているが、双方の描き方は対照的である。

たとい対照的に描かれるにして

図２　善光寺詣での琵琶法師の主従（国宝「一遍聖絵」〔一遍上人絵伝〕，第一巻第三段、善光寺参詣の場面，清浄光寺〔遊行寺〕蔵）

図３　豊後高田市山神社の農耕絵馬の盲僧（渡辺信幸氏提供）

も、肩にかけているのがリュートとみられることから、ヨーロッパの盲目の乞食は音楽や詩の吟誦に携わっていたことが推測され、日本の琵琶法師や盲僧との間に、何かしらの類似性が認められよう。そしてそれは普遍的な文化現象としてとらえることもできるのではないだろうか。このように考えてくると、ヨーロッパでは盲人はどのような存在であったのか、歴史的な想像力をかきたてられるのである。

一枚の絵に導かれ、手始めにドイツ・フランスに足を延ばし、自らの手になる記録を残さなかった盲人の歴史的な在り方を考察の対象とすることにした。

注

(1) 永井彰子『日韓盲僧の社会史』(葦書房、二〇〇二年)
永井彰子「中国にみる盲人文化」〔松原孝俊編『韓国言語文化研究』第十七号(九州大学韓国言語文化研究会、二〇〇九年)〕五七~五八頁、六一~六二頁

(2) 阿部謹也『阿部謹也著作集』第三巻(筑摩書房、二〇〇〇年)

聖人・托鉢修道士・吟遊詩人◉目次

第七章　琵琶の系譜、リュートの道……175

聖人・托鉢修道士・吟遊詩人

ヨーロッパに盲人の足跡を辿る

第一章　聖オディール信仰と開眼伝説

オディーリアの像

もはや十数年も前のことになってしまったが、環境先進都市として知られるドイツ南西部のフライブルク（Freiburg im Breisgau）を訪れ、盲人の歴史に関する調査を行ったことがある。市場に白いアスパラガスが並び、見上げる大木に赤いさくらんぼが実る六月のことであった。

この調査旅行は幸いなことによい先達に恵まれ、充実したものとなった。ドイツ文学者、重竹芳江氏がフライブルク大学神学部社会福祉課程に在学中であり、そのご尽力で社会福祉課程のストラスブール研修旅行に参加することもできた。フライブルクでは、視覚障碍者のための施設や学校を見学して情報や資料の提供を受けた。

なかでも特に興味をひかれたのは聖女オディーリア（オッティーリエ）開眼にまつわる伝説であった。重竹氏によれば、聖女オディーリアゆかりの礼拝堂がフライブルク近郊にあり、そこに湧き出る泉の水は「眼病を治す水」と呼ばれているという。オディーリアの像には手に持った聖書に目がふたつついていて、最初に見たときは驚いたそうだ。そこでヨーロッパの盲人の歴史をさぐる旅の幕開きに、聖女オディーリアの開眼伝説を求めて、聖オッティーリエ巡礼教会訪問から始めたい。

フライブルクの聖オッティーリエ巡礼教会

聖オッティーリエ巡礼教会は緑深い森の奥にあった。車の行き交う大通りから教会へ通じる道に入ると、ところどころに白い小祠がたっている。そのなかにキリストの受難をモティーフにした白木造りの彫刻が納められていた。巡礼者は祈りをささげながら歩を進めるのだろう。礼拝堂に入ると、祭壇の手前にはピエタ像と、ふたつの目がついた書物を持つ聖オディーリア像が安置されていた。礼拝堂で入手した独語版パンフレットによれば、聖オディーリアにまつわる開眼伝説とは次のようなものである。

西暦六六二年エルザス（アルザス）のホーエンブルク家の公爵エティヒョ（アダルリク）に盲目の娘オディーリアが生まれた。生来の盲目の娘ということで失望した父はその娘を勘当するが、敬虔な母ベルスヴィンダはブルグンドの修道院に入れる。オディーリアはここで育ち、聖エアハルト司教により洗礼を受けると目が見えるようになった。成長したオディーリアは父の城に戻る。父の意思により裕福な貴族との結婚を強いられるが、神に一生を捧げたオディーリアはライン川をこえて逃亡する。追いつめられたオディーリアはブライスガウの谷間の岩に隠れ家を見付けた。父はこれを天の合図とみて改心し、娘のためにホーエンブルクに修道院を創設した。オディーリアはその修道院長として生き、七二〇年に没した。

（*"Wallfahrtskirche St.Ottilien bei Freiburg im Breisgau"*）

オディーリアが岩の中にかくまわれると同時に泉が湧き出し、その場所に小さな礼拝堂を建てた。これが現在の教会の礎であり、六七九年創建と伝えている。一五〇五年と一六五六年にはコンスタンツの司教補佐が教会と祭壇を聖別、一六六三年、現存のバロック式祭壇を取得した。礼拝堂の聖オディーリアの立像は一六六六年、胸像は一六六九年のものと伝えている（図4、5）。一九六六～六七年にかけて全面改修と再築を重ね、特に盲人や眼病になやむ人びとの信仰を集めてきた。

オディーリアの父の城、ホーエンブルク（現在の聖オディール山）はヴォージュ山中にあり、ライン川左岸（西側）に位置している。一方、フライブルクはライン川右岸（東側）にあり、地形上からみてオディーリアがライン川を渡ってフライブルクへ逃げるのは山越えするより容易だったであろう。それを実感したのはフライブルクから対岸のフランスのコルマールを訪れたときであった。EU統合後の今日ではなおのこと、フライブルクからライン川を渡ればわけなく国境をこえコルマールに到着する（四十頁の地図参照）。

コルマールは古い街並みが残る美しい町であった。教会や美術館をたずね歩き、もう一つの聖オディール（オディーリア）像と出会ったのは町の中心部にあるドミニコ会教会（Eglise des Dominicains）である。内陣の奥に、右手にふたつの目のついた書物を持つ聖オディールの立像がおかれていた（図6）。

聖オディールがアルザスの守護聖人とされていることからアルザス地方を踏査する必要があったが、これはあらためて計画することにした。

聖オディール修道院をたずねて

念願のアルザス踏査が実現したのは、二〇一〇年六月のことである。前回訪れたコルマールを出発し、ストラスブールを経て聖オディール修道院を最終目的地とした。まず、コルマールのドミニコ会教会で聖オディール像と再会したあと、サン・マルタン教会（Collégiale St-Martin）でも新たに別のオディール像と対面することができた（図7）。

コルマールからはテュルクハイム、リクヴィル、リボーヴィレと、ぶどう畑の広がるヴォージュ山脈の麓を巡り、アルザス平野を北上した。ストラスブールから電車に乗って三十分、聖オディール修道院の門前町オベルネに着く。町の中央広場に立つのは聖オディールの石の立像である。やはり手に持つ書物についた、ふたつの目が印象的だ。そこから先はタクシーで行くほかはない。かつては徒歩や馬で通ったであろう深い樹海の間を、車は縫うように登っていく。二十分足らずで聖オディール山（標高七六三メートル）の頂上近く、聖オディール修道院に着いた。駐車場に車が並び、入口は多くの観光客や巡礼者で賑わっていた。人込みにまぎれて黒衣をまとった修道女の姿も目にする。

修道院はきわめて大きな岩石盤の上に建てられていた。眼前に迫る深い森のあちこちに

図4（右）　聖オッティーリエ巡礼教会礼拝堂の聖オディーリア立像
図5（左）　同じく胸像（共に吉武宗平画）

霧がかかり、太陽がのぼるにつれて流れ、そして消えてゆく。遠くにかすむ山並、森や畑、牧場に集落の茶色の屋根と、テラスから一望に収めるのはアルザス平野の雄大な景観である。ひときわ高い塔の上では、聖オディール像が左手にふたつの目のついた書物をかかえて眼下の大地を守護し、祝福の右手を差し伸べている（図8）。大地と天空が交わる聖オディール山では、岩山や森にも霊力が秘められているように感じられるほどだ。

修道院には、聖オディールの遺体が安置されている「聖オディールの礼拝堂」や「十字架の礼拝堂」、テラスに出れば「涙の礼拝堂」「天使の礼拝堂」など、いくつか礼拝堂がある。至る所に聖オディール像がま

図6　ドミニコ会教会の聖オディール像（吉武宗平画）

図7　サン・マルタン教会の聖オディール像（吉武宗平画）

つられ、熱心に祈る多くの人びとを迎え入れている。いうまでもなく、ヨーロッパの修道院の有り様は時代や地域によって異なり、多様である。具体例として聖オディール修道院を取り上げるが、ここでは聖オディールの生涯はどのように伝えられているのだろうか。

聖人伝と聖オディール伝説

よく知られた聖人たちでも、とりわけ初期の聖人の生涯について明らかにするのは難しい。記録された資料は僅少であり、そのなかには確実ではない内容も含まれ、そこから読み取れる事実が信頼できる客観的なものか検討することも必要になる。聖人伝の傾向として、多彩な伝説や神話、民間伝承、説話などが複雑に錯綜しており、意図的な誇張や創作を加えた可能性が考えられるからである。

それでは聖オディールについては、どのように伝えているのだろうか。聖オディール山（Le Mont Sainte-Odile）発行の英語版パンフレット“*Mount Sainte-Odile*”や“*The Mount Saint Odile*”からオディールの生涯を辿ってみよう。

七世紀、第三代アルザス公爵のエティションがオベルネに彼の城を建てた。妻ベレスウインダは王の顧問の一人、司教レジェの姪で、最初の子供オディールを産んだが、その娘は生まれつきの盲目であった。オディールは修道院で育ったが、十二歳のとき、洗礼を受けて目が見えるようになった。オディールは厳しい試練を受けるが、最終的に父は彼女の天職を認め、最初の修道院をこの山に設立した。この修道院が繁栄するのと同時に、オディールがホッヘンブルク（ホーエンブルク）城の麓に設立した修道院ニーダーミュンスターも繁栄した。その一生を身分の低い人びとに捧げたのち、オディールは七二〇年にこの世を去った。

この伝説は聖オディール修道院の起源伝説となっており、生来盲目であったオディール

図 8　聖オディール修道院

が洗礼によって開眼したという奇跡譚を含んでいる。この他にもオディール伝説はさまざまに語られている。例えばオディールが修道院長になってから、盲目の乞食を癒した水の奇跡譚を加えている場合もあって、特に眼病の治癒を願う巡礼者が絶えないオディール山の「奇跡の泉」の縁起となっている。

これら聖オディールの伝説は、ほとんどの部分が九世紀に書かれた「ヴィタ・サンクタ・オディリア」(Vita Sancta Odiliae) に基づいており、さらにそれは中世の「黄金伝説」に含まれるとされている (*"The Mount Saint Odile"*)。しかし聖オディールの伝説を、例えばデ・ウォラギネ (一二三〇年頃〜一二九八年) が集成した『黄金伝説』(人文書院版邦訳本、全四巻) のなかに見出すことはできなかった。

またアットウォーターはオディールが貴族の娘で女子修道院の創立者であり、生来の盲人であったが、

視力を取り戻して父と和解したという民間伝承を紹介しているが、真正な詳細が欠落しているると指摘している。(1)

さらに渡邊昌美は聖者伝が「読誦すべきもの」の意であることから、祝日に参集する信者の前で、聖者について知っておかなければならないことを読み聞かせる習慣があったらしいと述べている。(2) これにしたがえば、今日知られている聖オディール の伝説は、聖職者が書きしるしたものを声に出して読み聞かせたことに始まり、さまざまに奇跡譚が加えられて物語の形をととのえ、聖者文学として成長してきたと考えることもできよう。

そこでさらに聖オディールのより具体的な実像に近付くために、現地で収集した資料や先学による研究成果を援用しながら、オディールや修道院に関する事柄を歴史的背景を含めてまとめ、聖オディール山関連略年表として示しておこう。なお、地名の表記に関して、「ストラスブール」については一六八一年のフランスへの併合まで「シュトラースブルク」を用いている。

聖オディール山関連略年表

さて、この年表から聖オディール修道院の歴史を概観してみよう。

アルザス地方に最初に定住したのはケルト人であった。内田日出海によれば、南ドイツに発したケルト人は西ヨーロッパの広汎な地域に移動、定着した。ローマ人はこれら諸地域をガリアとよび、のちにローマの属州として再編された[3]。

やがてアルザスにもキリスト教が定着し、六世紀半ばには教区の教会を創設してキリスト教の歴史が始まる。七世紀にアルザス公国が成立し、伝説によれば三代アダルリク公爵に盲目の娘が誕生する。洗礼を受けて視力を取り戻した娘オディールのために、父は領地ホッヘンブルクに修道院を創設し、オディールはその麓にニーダーミュンスター（下の修道院）を設立した。

このホッヘンブルク修道院は、貴族の私有修道院である。ゲッツによれば、中世初期、先祖代々の屋敷をもたなかった貴族が修道院を創設するのは、創設者とその親族を埋葬するほか、晩年を過ごし、また自身が修道士として入るという別の目的もあったという。女子修道院は多くの場合、王妃や貴婦人が創設し、夫と死別後に隠遁し、その家族があとを引き継ぐことが普通に行われた。それは家族の一員が聖職者としてのキャリアを歩めば、魂の救済が保証され、同時に財産の分散を防ぎ、有効利用による物質的利益と特権を意味したと指摘している[4]。

オディールの場合も、七二〇年に亡くなるとホッヘンブルク修道院長となったのは三人の姪（オディールの弟アダルベルの娘）のうちのユージェニーであり、ニーダーミュンスター修道院長となったのは同じく姪のグンテリンデであった。もう一人の姪アタルは、父のアダルベルが七二〇年にシュトラースブルクに建てたサン・テティエンヌ大修道院の初代院長をつとめた[5]。

最初の修道院が火災で閉鎖したあと、十二世紀後半にレリンドとヘラード・ドゥ・ランツベルクのふたりの院長が皇帝の援助を受け、ホッヘンブルク修道院の最盛期をもたらす。レリンドはアウグスティノ会の会則に基づく修道院経営の礎を固め、ヘラードは「ホルトゥス・デリキアルム」（「悦楽の園」）を編纂した。この書は貴族の若い女性と修道女のための宗教的百科事典である。ストラスブール市立図書館が保管していたが戦火で焼失し、現在、聖オディール修道院に写本が残されている。

十六世紀半ばには、度重なる災難で修道院は衰退し、十七世紀の長期にわたる戦乱を経るが、十八世紀のフランス革命の際に売却された。以後、六十年近く荒廃するままであったが、十九世紀半ばにレース司教が聖オディール山の新所有者となって修復作業に着手し、新たな局面が展開する。増えてきた巡礼者の管理を教区司祭に委託し、その受け入れはフランシスコ会の修道女が担当したが、一八八九年よりストラスブール十字架信心会のシスターが引き継いだ。一九二六年からラッチ司教、ブルニッセン律修司祭、建築家のロバー

西暦	事項
前五八	ローマ軍のアルザス征服。
四九六	アルザス、クローヴィスの勝利でフランク王国に編入。
五五〇頃	五代シュトラースブルク司教アルボガスト管轄のカテドラル創立。
六四〇頃	アルザス公国成立、アルザス公の爵位創設。司教勢力の台頭。
六六〇頃	三代アルザス公爵アダルリクに盲目の娘誕生。
六八〇〜六九〇	アダルリクの領地ホッヘンブルクに女子大修道院、その麓にニーダーミュンスター女子修道院を設立。
七二〇	オディール死去。ユージェニー（オディールの姪）が修道院長を継ぐ。
八四三	ヴェルダン条約でアルザスはロタリンギアに属す。
八七〇	メールセン条約でアルザスは東フランク王国に編入。
九八二	皇帝勅令によりシュトラースブルク司教、都市支配権を掌握。
一〇四五	エギシェムのブルノ（のちのローマ教皇レオ九世）ホッヘンブルク修道院付属の教会を奉献。
一〇五〇	ローマ教皇レオ九世、ホッヘンブルク修道院訪問。
一一五〇	レリンドがホッヘンブルク修道院長となる。
一一五三	皇帝フリードリヒ一世、ホッヘンブルク修道院訪問。
一一七六	ヘラード・ドゥ・ランツベルクがホッヘンブルク修道院長となり「ホルトゥス・デリキアルム」（「悦楽の園」）編纂。

一一七八	ヘラード院長、プレモントレ会士団受入のため、サン・ゴルゴンに小修道院設立。
一二〇〇	火災・戦火で破壊した修道院を復旧。
一三五四	皇帝カール四世、ホッヘンブルク修道院訪問。
一三六五	英仏戦争、英軍による破壊。
一四三九	アルマニャック傭兵軍、アルザス侵入、略奪で荒廃。
一五一七	宗教改革、カトリック教会への批判高まる。
一五二五	シュトラースブルクで聖職者に市民権を持つことを義務付け、財産は市当局が管理、修道士・修道女は潰走。農民戦争、アルザスの農民団が蜂起、修道院を焼き略奪。
一五四二	ニーダーミュンスターの施設全壊。
一五四六	ホッヘンブルク修道院は再度の火災、戦争により破壊拡大。修道女たちは離散、聖オディールシスター会も消滅。
一五七三	修道院跡地にプレモントレ会、教会建設。
一六〇五	プレモントレ会、ホッヘンブルク修道院再建（～一六一七年）。
一六一八	三十年戦争、アルザス一帯で戦乱続く（～一六四八年）。
一六三二	スウェーデン軍侵入して蛮行、荒廃したホッヘンブルクよりプレモントレ会撤退。
一六四八	ヴェストファーレン条約でアルザスはフランス王国に併合。
一六六一	プレモントレ会がホッヘンブルクに復帰。
一六八二	プレモントレ会が修道院付属教会を再建（～一六九二年）。
一七三四	巡礼者用の宿泊施設建設（～一七三八年）。

一七八九	フランス革命起こり、教会財産を国有化、ホッヘンブルク修道院を競売、修道士たちは解散。
一七九一	ジャコバン派の破壊を予想し、オディールの聖遺物を安全な場所に秘匿（〜一八〇〇年）。
一八五三	アンドレ・レース枢機卿、ストラスブール司教となり、聖オディール山買い戻しのため、アルザスのカトリック教徒による募金始まる。
一八六三	レース司教、聖オディール山の新所有者となり、修復に着手。
一八七〇	普仏戦争、ストラスブール爆撃で「ホルトゥス・デリキアルム」焼失。
一八七一	フランス、プロイセン軍に敗れ、フランクフルト条約によりアルザスをドイツ帝国に割譲し直轄領となる。
一九一四	第一次世界大戦、ドイツがフランスに宣戦布告。
一九一八	フランス軍勝利、アルザスはヴェルサイユ条約でフランスに再併合。
一九二〇	聖オディール山で聖オディール没後一二〇〇年記念集会、十万人が参集。
一九二六	ラッチ司教らによる聖オディール山復興事業。
一九三一	「絶え間ない聖体礼拝」を行う。
一九三九	第二次世界大戦。イギリス、フランスがドイツに宣戦布告。
一九四〇	ヒトラー、アルザスを併合。
一九四五	第二次世界大戦終結。ドイツ無条件降伏し、全アルザス解放。
一九四六	教皇ピウス十二世が正式に聖オディールを「アルザスの守護聖人」と宣言。
一九六三	フランス、ドイツと友好協力条約締結。
一九八八	教皇ヨハネ・パウロ二世がオディール山を訪れ祝禱。
一九九三	欧州共同体（ＥＣ）から欧州連合（ＥＵ）成立。

ト・ダニスらが聖オディール山復興事業に当たり、現在みるような修道院の姿に近づくのである（"*Mount Sainte-Odile*"）。

聖オディール信仰の拡大とその背景

七二〇年にオディールが亡くなると、遺体は説教者ヨハネの礼拝堂（現在の聖オディールの礼拝堂）のなかの石棺に安置された。ホッヘンブルクの聖オディールの世評はケルンではすでに十世紀に広まっていたが、聖オディールへの崇拝は十二世紀以降、スイスやブルゴーニュ公国、オーストリア、ドイツ南部、イタリア北部へと広がっていった（"*The Mount Saint Odile*"）。これは皇帝の意を受けその援助のもと、レリンドとヘラードのふたりの院長が、ホッヘンブルク修道院の最盛期をもたらしたことと無縁ではないだろう。

宗教改革が始まり、聖オディールへの帰依は抑えられたが、十六世紀後半からイエズス会とプレモントレ会士の尽力でふたたび広まり始め、彼女のための巡礼がザンクト・オッティリエン（バーデ地方）とバイエルン公国で始まった（"*The Mount Saint Odile*"）。

一五四六年にホッヘンブルク修道院が壊滅したときにも、多くの巡礼者は聖オディールの墓に詣で、自分たちが被っている肉体的・道徳的試練のために、彼女が神へ祈ってくれるよう求めた。神聖な女子修道院長には信仰療法の力があると信じられていたからである。（“The Mount Saint Odile”）。

巡礼者たちが聖オディールに寄せる願いは多様であるが、とりわけ盲人や弱視者、眼病に悩む人びとは神に執り成してくれるよう、聖オディールに切実に求めただろう。口頭伝承によれば、オディールは生来の盲目であったが、洗礼を受け光を取り戻したことからオディール（光の娘）の洗礼名を授かったともいわれている。彼女の敬虔な生涯そのものが説得力をもって人びとの間に受け入れられ、身近に感じられていたからこそであろう。

このような中世の民衆信仰における聖人について、マンセッリは「神への仲介者、信者の代弁者となり、神の意志を信者に伝えるもの」と位置づけ、「中世における実践的、人間的、霊的要請のすべてを支援し、仲介する」ととらえた[6]。

また、アルザス地方を調査した蔵持不三也は、聖人像が信徒が出入りできる教会堂の袖廊や側廊に、彫像や図像の形をとって置かれていることに注目している。また、アルザスのぶどう園主たちの守護聖人で治癒聖人でもある聖ティエボー信仰の広がりに、商人の介在を想定していることも興味深い[7]。

それでは、聖オディールの信仰が拡大してゆく背景には、ほかにどのようなことが考えられるだろうか。まず可能性として聖遺物の移動が考えられよう。一三五四年にカール四世によって、聖オディールの腕の骨がプラハ大聖堂に移された例がある。[8] 聖遺物は奇蹟的な力をもつと信じられ崇拝されたのである。手掛かりを得るために、十八世紀以後のアルザスを中心とした移住者の流れに注目してみよう。

一七九〇年、立憲議会は聖職者民事基本法を可決し、全聖職者に憲法を受け入れる宣誓を要求した。以後、アルザスでも宣誓司祭派と拒否司祭派に分かれた。一七九二年には宣誓拒否司祭の国外追放が決議され、アルザスの宣誓拒否派聖職者は地下活動を始める一方、スイス、ドイツへ脱出、亡命者は千人と推定されている。[9]

一七九三年、創設されたライン軍は同盟軍に勝利してアルザスを解放する。下アルザスでは撤退する同盟軍とともに、難民となった約三～四万人の農民や職人がフランスからドイツへ逃走した。市村はその理由として、戦場となった農村の荒廃、宗教の世俗化対策への不満、ライン軍の行った恐怖政治の忌避を指摘している。一八〇二年と一八一七年、アルザスの農民約四千人がロシアのクリミア地方に移住した。その後、小規模経営の伝統農法で自足していた農民は、人口増加や農地の細分化で零細農になり、一八三七年から四八年にかけて農業移民として北米各地に移住した。[10] 一八四八年には一万三五〇〇人がアルジェリアに移住している。[11]

普仏戦争でストラスブールが爆撃された一八七〇年に、スイス代表団は食糧補給支援を行うとともに、女性、子供、高齢者一一〇〇名をスイスへ脱出させた[12]。

一八七一年、フランスはプロイセンに敗れ、アルザスをドイツ帝国に割譲する。フランクフルト条約では、フランス国籍を望む者に財産保全と退去の自由が認められた。加えて徴兵制導入もあり、期限までにアルザスから移住した者は四万九九二六人にも達した。以後、毎年数千人が移住し、一八九五年までのアルザス、ロレーヌの出国者は二十五万人と推計されている[13]。例えば内田はウンターエルザスから五万人、ストラスブールから四七一〇人がフランス亡命者となり、その後数十年間、移出民の流れが続いたと指摘している[14]。蔵持もまた、この条約によりカトリック信者とエリート階級の五万九千人がフランス、アルジェリア、北米に移住したと伝え[15]、マユールも、フランス国籍を選択した者はバ＝ラン県で四万人、オ＝ラン県で九万三千人に達し、その多くは大学関係者やエリート層の人びとであったと述べている[16]。これ以後、アルザスは一九四五年まであわせて四回、国籍を変更する。

こうした国籍変更が戦前派世代のアルザス人の意識と行動様式に影響したと指摘したのはオッフェである。オッフェは歴史や言語、さらに心理面において免れえないアルザス人の二重性について分析した。アルザス人は自己の現実に対する恐怖、そして二重性という恐怖の対象から逃げようとして故国を捨てるのであり、アメリカやフランスの他の県への移住が絶えずみられることは無関係ではないと述べている[17]。

これまであげてきた事例でみるように、戦火を避けての脱出、荒廃した農村からの逃走や農業移民、強制的併合などの領有、帰属変更に対する抗議の移住や亡命など、さまざまな理由で多くのアルザス人が移住を余儀なくされた。聖職者も国外追放や亡命でアルザスをはなれる。このなかには移住した地域で聖オディール信仰を伝えた人びとがいた可能性も考えられよう。とりわけ、農村社会では守護聖人に関して、口頭による伝統の継承が豊かに保持されていたのではないだろうか。

二十世紀前半にはアルザス出身の宣教師たちが聖オディール信仰をアジア、マダガスカル、アフリカ諸国に伝え、多くの教会と礼拝堂を捧げたので、診療所や宗教施設、宿泊所には聖オディールの名が付けられたという（"*The Mount Saint Odile*"）。

さて、一九四五年、大戦終結により全アルザスは解放され、一九六三年に友好協力条約が結ばれてフランスとドイツ間の和解が実現する。マユールは両者の合意によって「うちひしがれたアルザスの記憶は、その歴史との関係を取り戻すと同時に、元来有していた重要性を回復し」、「それは平野を見下ろすように突き出した高台、聖オディール山を象徴としうる歴史」であると述べた[18]。

こうして一九四六年、教皇ピウス十二世が宣言したことにより、オディールは盲人や眼病になやむ人びとの治癒聖人にとどまらず、広くアルザスの守護聖人として正式に認められたのである。

プレモントレ修道会と「絶え間ない聖体礼拝」

ホッヘンブルク修道院とプレモントレ修道会との関係は、史料で見る限りでは一一七八年に始まったようだ。ヘラード院長がヴォージュ地方のエティヴァルからプレモントレ会士団を受け入れるため、山頂から徒歩で二十分のサン・ゴルゴンに小修道院を設立した。その後、修道院や教会は戦争や破壊、度重なる火災に見舞われ、さらに十六世紀の宗教改革によって混乱をきたした。ストラスブールの司教はエティヴァルのプレモントレ会士に聖オディールの墓を守るよう依頼し、プレモントレ会士団は一五七三年に修道院跡地に教会を建設、一六〇五年にはホッヘンブルク修道院を再建した。しかし三十年戦争でこれらの施設は荒廃、一六三二年から一六六一年までの間、プレモントレ会士は撤退を余儀なくされた。再び会士団は一六八二年から十年をかけて修道院付属教会を再建するが、フランス革命で修道院は売却され、プレモントレ会士団は退去させられた。その後、聖オディール山の所有者は十回も変わったが、一八六三年、レース司教が新所有者となってプレモン

ドイツ・フランス国境付近の略図

トレ会による新しい時代が到来する。

プレモントレ修道会はノルベルトゥス（一〇八二年頃～一一三二年）がプレモントレに律修聖職者の共同体を創設したことに始まり、百年の間にヨーロッパ全体に広まった。フランクはこれを隠修士と巡回説教と伝統的修道会の三つが結び付いた新しい例としてあげている。[19]

二十世紀に入った聖オディール山では、その長としてプレモントレ会の律修司祭が信徒を霊的に導く司牧に携わってきた。一九三一年、「絶え間ない聖体礼拝」が執り行われ、一五〇〇人近い信徒が交代で祈りを捧げた。これはストラスブール教区が独自に導入したもので、以来、アルザス各地の地方司教代理が組織した平信徒のグループによって続けられている。一九三五年に十七人の男性信徒がラッチ司教をかこんで撮影した写真が残されている。[20]

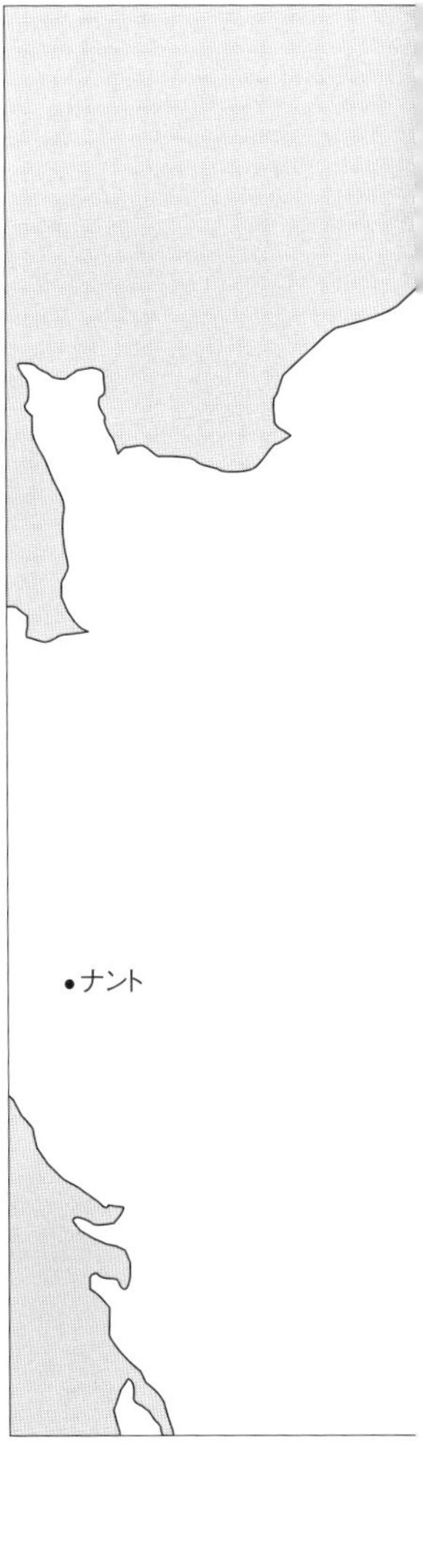

この特別な礼拝は古来の「絶えざる祈り」という伝統を模したものと考えられる。フランクが明らかにしたところでは、ビザンツ修道制における眠らない修道士（アコイメートイ）の特殊形態が、五世紀にアレクサンドロスの独特の解釈によって創始された。彼の修道院では、現実に修道士たちをいくつかの聖歌隊に分け、絶えず祈りを捧げられるようにしたという（『修道院の歴史——砂漠の隠者からテゼ共同体まで』教文館、二一三頁）。

聖オッティーリエとゲーテ——『詩と真実』より

ドイツの文豪ゲーテ（一七四九～一八三二年）は、一七七〇年から七一年にかけてストラスブール大学に留学した。自伝の『詩と真実』によれば、その間、しばしば旅行し、オッティーリエンベルクへ聖地巡礼にでかけたことを回想して次のように記している。[21]

ローマの城砦の礎岩がいまなお残っているこの土地に、美しい伯爵令嬢が敬虔な信仰心から廃墟や岩の裂け目のあいだで暮らしていたといわれる。巡礼者の信仰心を深める礼拝堂からほど遠からぬあたりに、彼女の汲んだ泉が見られ、さまざまな床しい物語が伝えられている。私が心に描いた彼女の姿とその名前は深く私の心に刻み込まれた。この姿と名前を私は長い間もちまわっていたが、それをついに私の晩年の作品の、そうかといって愛する気持のすこしも変わらぬ娘たちのひとりにあたえた。この娘は敬虔で清らかな心の持ち主たちからたいへん好感をもって迎えられたのである。

ゲーテの心に刻まれたオッティーリエの名前は、小説『親和力』のヒロインに与えられ具体的な姿をあらわす。ゲーテはオッティーリエの「ほぼ全行動を肯定し」「恋人の心と眼」で彼女を描いた[22]。ゲーテは死を選んだオッティーリエの美しく眠っているような遺骸にあらわれた奇蹟や、それに招き寄せられる人びとの群れを描き、「現実に満足させることが不可能なすべての欲求は必然的に信仰を生む」ことを示した。病気の子供をこっそり連れてきた母親たちが、その病気が突如としてよくなったようだと信じ込む。「信仰は次第に勢力を強め、ついにはすべての老人や病人が〈オッティーリエ詣でによって元気になりたい、病気を治したい〉と思うようになった」。そして礼拝のとき以外は教会まで閉じなければならぬほどの多くの人びとが殺到するのだった。

ここに描かれるのは、フランス革命以前の聖オディール山で、多くの信者とともにゲーテが目にした光景や耳にした物語がモチーフになったと考えられよう。美しく純粋で聖なるオッティーリエが登場することで「この小説が神話の世界から生まれていることが、もっとも明白に示されているように見える」というヴァルター・ベンヤミンの指摘[23]に納得させられる。

ところで、ゲーテは『詩と真実』のなかで、そこひ手術の例を記している[24]。ゲーテがストラスブールで出会った仲間のひとりが医学生ヨハン・ハインリヒ・ユングで、のちにシュティリングの名で知られる高名な眼科医となった。一七七五年、ユングは招かれてフランクフルトのフォン・レルスナーの両目の眼球手術を行うが失敗してしまう。この手術は、角膜が苦痛を伴うことなく切開されると、軽く押さえるだけで濁った水晶体がひとりでに飛び出し、患者は見えるようになるというものである。ユングはこれまで何度も成功していたが、水晶体を取り出す際に、無理に切断したため炎症を起こしてしまったのである。この失敗によって敬虔なユングは絶望し、自らを責め一切を失ってしまう。その一方で、イーゼンブルクから来た盲乞食のユダヤの老人はみじめな暮らし向きであったが、完全に盲目が癒される。老人は狂喜し、大仰な身振りをまじえて神に感謝し、主と、主に遣わされた奇蹟の人をたたえて立ち去る。

ゲーテ自身はそこひ手術をストラスブールで何度も見ており、一般に簡単な手術のように思っていた。十八世紀のユングによるそこひ手術の失敗と成功の例を、ゲーテは書き留めてくれていた。

注

（1）アットウォーター・ドナルド、レイチェル・ジョン・キャサリン共著、山岡健訳『聖人事典』（三交社、一九九八年）一二三頁

（2）渡邊昌美『フランスの聖者たち——古寺巡礼の手帖』（大阪書籍、一九八四年）二一九頁

（3）内田日出海『物語ストラスブールの歴史』（中央公論新社、二〇〇九年）三二頁

（4）ゲッツ・H・W著、津山拓也訳『中世の聖と俗——信仰と日常の交錯する空間——』（八坂書房、二〇〇四年）九〇～九二頁

（5）Le Minor, J.M. Troestler, A. Billmann, F. *Le Mont Sainte-Odile.* (I.D.l' Edition, 2008), pp.14-17.

（6）マンセッリ・R著、大橋喜之訳『西欧中世の民衆信仰——神秘の感受と異端』（八坂書房、二〇〇二年）六八～七二頁

（7）蔵持不三也『異貌の中世　—　ヨーロッパの聖と俗』（弘文堂、一九八六年）九二～九三、九六、一七八～一七九頁

（8）マユール・J＝M著、中本真生子訳「アルザス国境と記憶」〔ピエール・ノラ編『記憶の場——フランス国民意識の文化＝社会史』第一巻対立（岩波書店、二〇〇二年）〕四六四頁

（9）市村卓彦『アルザス文化史』（人文書院、二〇〇二年）二五四～二五六頁
ラングロワ・C著、谷川稔訳「カトリック教会と反教権＝世俗派」〔ピエール・ノラ編『記憶の場　—フランス国民意識の文化＝社会史』第一巻対立（岩波書店、二〇〇二年）〕一八九～一九一頁

（10）市村前掲書二六八、二九三～二九四、三二七頁

（11）川田順造『日本を問い直す　人類学者の視座』（青土社、二〇一〇年）二三八頁

(12)内田前掲書二二〇頁
(13)市村前掲書三二八頁
(14)内田前掲書二三一頁
(15)蔵持不三也編『フランス・国境の地アルザス』(社会評論社、一九九〇年)一八七頁
(16)マユール前掲書四六〇〜四六一頁
(17)オッフェ・F著、宇京頼三訳『アルザス文化論』(みすず書房、一九八七年)七二〜七五頁
(18)マユール前掲書四六四頁
(19)フランク・K・S著、戸田聡訳『修道院の歴史――砂漠の隠者からテゼ共同体まで』(教文館、二〇〇二年)九二〜九三、二一三頁
(20)Le Minor ibid., PP.110-111.
(21)ゲーテ著、河原忠彦・山崎章甫共訳『詩と真実――わが生涯より――』『ゲーテ全集10』(潮出版社、一九八〇年)五二〜五三頁
(22)ゲーテ著、神品芳夫・浜川祥枝・前田和美・石井不二雄共訳『親和力』『ゲーテ全集6』(潮出版社、一九七九年)三三一〜三三二頁
(23)ベンヤミン・W著、高木久雄編『ゲーテ　親和力』『ヴァルター・ベンヤミン著作集5』(晶文社、一九八二年)八四頁
(24)ゲーテ前掲書(一九八〇年)二二八〜二三四頁

第二章　盲目の聖人、ブルターニュの聖ハーヴェイ

ブルターニュ地方の聖人

この章では、フランス北西部、ブルターニュ地方で崇拝された六世紀の盲目の聖人、ハーヴェイ（Harvey ヘルヴェ、ヘルバエウス）を取り上げる。生来の盲人であったハーヴェイはどのような出自で、どのような活動をしたのだろうか。ハーヴェイに関する伝説はさまざま伝えられているが、彼についてもまた信頼しうる事実は至って僅かだとされている。しかしいかに伝説ではあっても、その核心部分には歴史的事実が反映され、六世紀の盲人が実際にどのように生きたか、その生活史の一面を読みとる素材を提供してくれよう。

まず最初に、六世紀頃のブルターニュ地方の歴史を簡単に押さえておこう。原聖によれば、ブルターニュもまたケルト人が定着した地域であった。ケルト人はローマ帝国の拡大やゲルマン系民族の圧迫により西方に移動し、ブリテン島やアイルランド島に到達して定住する。五世紀初めにローマ帝国のブリテン島支配が終り、ブリトン人は五世紀後半には大陸でガリア北部のフランク人と、またブリテン島ではアングロサクソン人と戦った。だが、サクソン人に追われたブリトン人はブリテン島から退却し、ガリア中部を含んでアルモリカと呼ばれていたブルターニュへ避難、定住した(1)。

さらに、五世紀末から六世紀初めにかけ、キリスト教布教のため、聖職者たちがブリテン島からブルターニュ地方へやって来た。すでにキリスト教は流入しつつあったが、彼らの移住によって聖堂区、司教区が確立、本格的なキリスト教化が始まった。現在ブルターニュ地方には、教会名、地名として記録された約八百人の土着の聖人が知られ、その多くはローマからの正式の認可を受けていない。また八世紀から十一世紀にかけて書かれた七十点をこえる「聖人伝」が残されている。そしてアルモリカへのブリトン人の実際の移住により、ブルターニュは歴史的に形成されて起源伝説が生まれ、さらに聖人伝説を生み、それが七世紀から十世紀にかけて書き留められたという(2)。

伝説にみる聖ハーヴェイの生涯

中世後期に書かれたハーヴェイの伝記によれば、彼はブリトン人の吟遊詩人の息子としてブルターニュで生まれ、生来の盲人であった。隠世修道士となったのち、プルヴィエンの修道院長となり、最後に自分の共同体とともにフィニステールのラフルネに定住し、そこで死去した。彼は司祭ではなかったが、五五〇年頃、暴君であったコノモルの宗教上の破門に貢献したという[3]。以上が聖ハーヴェイにまつわる伝説の骨子である。

ハーヴェイの聖遺物をめぐってもさまざまな伝承がブルターニュ地方で培われてきた。伝承ではフランス革命まで、フィニステールのクレデルの近くにあった礼拝堂（今はない）は、聖遺物であるハーヴェイの揺りかごを保持していた[4]。また、裁判官たちはナントの寺院にある彼の遺骸の上で重大な事柄についての宣誓をし、君主たちはそこで協定を確認したという。盲目の楽人たちは彼らの守護聖人である聖ハーヴェイの祝祭日に、今もなお楽器を携えて礼拝堂にやってくると伝えている[5]。また、ハーヴェイは祓魔師だったとする伝説もみうけられる。

この時代、盲人の生涯が伝えられるのはまれなことだろう。ハーヴェイの場合、おじのもとで教育を受けて修道士となり、修道院長をつとめたことから僅かながらもその生涯が後代に記録され、かろうじて今日まで伝わった。彼に関する数少ない事実はブルターニュの人びとの間で口承によって伝わり、地方的な民間伝承と結び付き、奇跡譚を織り込みながら物語となり、説話へと成長してきたことがうかがえよう。ハーヴェイの起こす蛙や狼など動物との奇蹟の物語は、彼の持つ聖性に由来するものとして、当時の人びとの心情にそのまま受け入れられたと思われる。

祓魔師としては、例えばローマの伝承にあらわれるディオクレティアヌス帝の迫害で殉教した聖ペトルスが知られている。聖職者の下級階級のひとつである。祓魔師の授品式では、司教により祓魔のための祈禱文などを書いた典礼書が渡される。祓魔師は定められた祈禱文をとなえ、按手して悪魔祓いを行った[6]。すでに紀元前三世紀頃から悪魔祓いや薬の魔術的使用によって眼疾を癒す試みが、ギリシア、ヘブライ、バビロニアで行われていた[7]。

阿部謹也によれば、キリスト教が受容されると人間の不運や不幸の原因は人間界の外にいる悪魔によって生ずると捉え直された。そのため、教会は悪魔祓いの場所となり、司祭の重要な仕事となった。とりわけ聖人の教会で悪魔祓いを受けて治癒した者は、奴隷であっても前所有者から解放され、新たにその聖人の僕の一員となった[8]。

吟遊詩人とケルト文化

ハーヴェイは彼にまつわる伝説のなかで「白い犬に導かれて父の墓を探し求めて歩き回り」「祖先の塚で祖先のささやきに耳を傾けている少年」として描写されている。あるいは「森の奥深くで、自分の優しいメロディで野獣をよび寄せ、諭している孤独な隠者」として、また、村の子供たちに歌をうたいながら神や隣人、日々の仕事を愛することを教える姿として描かれている(9)。

こうした姿は遍歴する吟遊詩人のそれと重なるように思われ、その背後に垣間見えるのは、ケルトのバルドであったというハーヴェイの父の残像であろう。本来、ブルターニュ地方は特異なケルト文化が息づく土地である。バルドとはケルト社会における知識階級に属する詩人である。

紀元前五八年以降、ガリアからブリタニアまで遠征したカエサル(前一〇〇年頃〜前四四年)は『ガリア戦記』のなかで、ガリア社会で価値を認められた階級として騎士的な貴族階級と、ドルイドと呼ばれた祭司階級をあげている(10)。また、ギリシア、ストア学派のポセイドニオス(前一三五年頃〜五一年)の著作『歴史』では、ケルト社会の知識階級として、ドルイド、バルド（バルドイ、バルディ）、予言者があげられている。そのうちのバルドは頌歌をうたう詩人である。名高い人びとの武勲を英雄韻の詩につくり、七弦琴（リュラ、リラ）に合わせてそれをうたった[11]。

また、ガリアのケルト人の語り手について、ディオドロスの文言では、集会全体や首長たちの面前で「讃辞を唱する一団」とされ、「ギルド的組織をなして、韻律やレトリックなど詩的表現の優越を競った」と述べられている[12]。

以上のことから、バルドはケルト社会でドルイドに匹敵する位置を占め、王家の栄光や名声を高めるための詩を作り、それをうたって賞讃する吟唱詩人であったと考えてよいだろう。多くのギリシア人やローマ人がケルト人について書き留めているのは、それだけその文化が関心をひくものであったのだろう。上尾信也はケルト文化がその残滓を、中世ヨーロッパの詩歌の世界に、宮廷詩人とは別の形の民族の詩人として残していったことは十分に考えられるという見解を示している[13]。また、ブルターニュでは、バルズ（バルド）はのちに一介の吟遊詩人になったといわれている[14]。

施しの意味

ハーヴェイにまつわる伝承にもあるように、盲目の少年が家族や縁者の保護のもとをはなれた際には、物乞いで得る施しによって命をつなぐほかなかった。ローマでは、盲目の少年は乞食となるよう仕込まれるか、舟の漕ぎ手として売られたという[15]。クウィーンは貧者に対する施しが宗教的功徳をもたらすと考えられていたとして、旧・新約聖書から多くの例を示しているが[16]、なかでも次のイエスのことばに注目したい。

むしろ、宴会を催す場合には、貧乏人、不具者、足なえ、盲人などを招くがよい。そうすれば、彼らは返礼ができないからあなたはさいわいになるであろう。正しい人々の復活の際には、あなたは報いられるであろう。

（「ルカによる福音書」十四章十三〜十四節）

ここでは、貧者に加えて、盲人を含む身体障碍者が施しの対象とされている。このことばについては、阿部謹也の指摘にしたがえば、当時のユダヤ社会に一般的であった贈与慣行をふまえ、イエスが彼岸へ至る思想を理解させ、その準備を説明したものと見ることができよう[17]。ともあれ、人びとに施しが奨励されたことにより貧者や障碍者に対する同情や関心、博愛の精神が呼び起こされ、盲目の乞食の少年の命をつなぐことができた要因のひとつとなったのは確かであろう。

やがて貧者への施しによって自分の罪悪を消滅できるという考えが、特にコンスタンティヌス大帝（二八〇年頃〜三三七年）のキリスト教公認（三一三年）以後、有力になってくる。とりわけコンスタンチノープルの大司教、聖クリソストモス（三四七年頃〜四〇七年）は、その説教の中で罪悪消滅の方法として、懺悔、他人への寛恕、施し、祈禱、断食をあげ、「どんな罪悪を負うとも、汝の慈善は、その罪悪のすべてを償うに余りあり」と説いた[18]。

キリスト教が浸透するにつれ、人間は現世における善行次第で、死後、最後の審判の際天国か地獄のいずれにゆくかが判定されるという教義が広まった。それにより死後の救いを確保するために、貧者への施しと教会への寄進が奨励された。教会に寄進した財産が貧者に施されることによって、その人間は天国での救いを得る、とする構図が生まれる。このような、施しがそれを与える者の魂の救済と安心を保証するという教えは、中世を通じて慈善事業の特性として引き継がれていった。

中世の救済施設と修道院

貧者や障碍者に対する救済事業は、教会が小規模で家族的な共同体であった時代の相互扶助から出発し、教会数が増加してその保有する富が増大するにつれ、組織的に行われるようになる。施しの対象が拡大してくる古代後期には、教会は慈善事業として新しい救済策を導入し、養育院や救貧院を設立した。

養育院のなかでよく知られているのは、例えばフレンチが明らかにしたように、三六九年、カッパドキアのセザリアに聖バジル（三二九年頃〜三七九年）が建てた施設であろう。それは盲人や障碍者、貧者の必要に応じた特別なアパートをそなえた小さな都市のようなものだったという[19]。五世紀には、シリアの聖リムナスが自分の庵の近くに小さな住居を建てて救貧院とした。彼は盲人を集めて聖歌を教え、それをうたい歩くことで彼らに施物を受けさせた。六三〇年頃にはエルサレムに盲人のための避難所が設けられ、七世紀にル・マンの司教、聖ベルナルドがフランス北西部に施設を建て、路傍の盲人を集めてグレゴリオ聖歌を教え、教会の典礼で詠唱させた[20]。救貧院は巡礼者のための寺院宿泊所をその起源とし、巡礼者、貧者、病者、障碍者、老人、そのほか救助を必要とする者の住居となった。

救貧院での日常生活は祈禱中心の宗教的なものであり、収容者はキリスト教の発展や教皇、国王、諸侯、または救貧院に施しをする者の幸福のために常に神への祈禱を捧げた。クウィーンは、収容者も祈禱することで労働力の一部になると捉え、それ故に中世の施しは単なる慈善ではなく、奉仕と奉仕との交換であったと指摘している。[21]

以上のような救済施設につづいて、中世を通じて貧者・障碍者保護の担い手となったのが修道院であった。今野國雄によれば、修道院は寄進された広大な所領を持ち、聖ベネディクト会則にしたがって合理的に運営されていた。この会則は六世紀に「修道制の父」と呼ばれたヌルシアのベネディクト（四八〇年頃〜五五〇年）が完成したもので、修道院を「主への奉仕の学校」と規定し、無所有を説き、自給自足のための労働や、定住義務を重視した新しい特色を持っていた。七世紀の前半からガリアで浸透しはじめ、のちにヨーロッパの修道院の基本準則として固く守られた。[22] この会則の四章では貧者に食事を与えること、三十一章では病人、子供、来客、貧者に心からの配慮を示すこと、五十三章には来客はすべてキリストを受け入れるように受け入れ、洗足の慣行が規定された。[23] 聖ベネディクト会則は当時形成されつつあった中世農業社会に修道院を適応させていく上で、大きな意味を持っていた。[24]

貧者に対する救済の例として、多くの先学が指摘しているが、フランス南東部ブルゴーニュ地方のクリュニー修道院の場合をみてみよう。フランクが説いたように、クリュニー修道院は九一〇年にアキテーヌのギョームが創建し、ベルノを初代院長として小さな形で始まったが、二百年余を経て西ヨーロッパの修道制を支配するほど大きく成長した[25]。この修道院では、盲人など障碍者を含めて、貧者に対する喜捨が細かく規定されていた。徒歩で訪れた旅人や巡礼者には、一定の宿と食事や路銀が、また修道院のまわりに群れをなす貧者のうち、毎日三十六人か七十二人には喜捨がそれぞれ与えられた。また、イエスと弟子の故事にならい、修道士は選ばれた貧者の足を洗う儀式を行った。そして受け入れの儀式を経た上で院内に十八人の貧者が収容され、そのうちのひとりが死ぬと補充された[26]。フレンチもまた、寡婦、孤児、盲人、老人のために毎日食事の準備がなされたと述べている[27]。これら貧者救済の費用は院所有の土地からの収入、寄付金、遺産、徴収金のなかからその一部が充てられた[28]。

このように自覚的な救援活動が行われた例からみて、当時の修道院がある面では、今日の福祉施設のような役割を一部果していたことがうかがわれる。しかしながら、修道院のまわりで多くの貧者が群れをなす状況は変わらなかった。また変えようとする試みもなされず、貧者の存在は是認され続けていたといわれている。一般的に、修道院などの中世の宗教団体による施しは、貧民保護の手段としては成功せず、教会の慈善事業が貧困問題を根本的に解決するに至らなかったとする見解がみられる。ヨーロッパ各国で乞食禁止に関する法律が多く制定されていることは、かえって施しが乞食の職業化の助けとなったことを示すとされている。クウィーンによれば、教会は乞食の防止につとめたにもかかわらず、教会の入り口で乞食が施しを乞うことを許した場合もあり、物乞いが一般化したとする。また、修道院での巡礼者に対する歓待の慣習や、門前で行った無差別の施しが、乞食奨励の主要な原因となったと指摘しているのは納得できよう[29]。

一方、貧者への施しに関して、田中峰雄の指摘から学ぶことも少なくない。田中によれば、中世における施しは、貧者の現実の必要性としてよりも、罪のあがないと結び付いて、むしろ富者の必要性の問題としてとらえられていたという。修道院が行う施しは聖務日課のひとつで、貧者の救済はキリストへの奉仕の表現であった。貧者を通してキリストを受け入れるという立場からすれば、その対象は「キリストの貧者」であって、実体としての存在ではない。救貧という行為の対象としてのみ、措定されていたとしている[30]。

やがて中世後期になると、現実の社会、ことに都市において、恒常的な貧者の存在が無視できなくなる。貧者の乞食行為は社会秩序維持の上で、公権力の厳格な統制の対象となっていった。ひとつの身分として位置付けられていた乞食は、社会から外れた者とみなされてゆくことになる。

注

（1）原聖『〈民族起源〉の精神史　ブルターニュとフランス近代』（岩波書店、二〇〇三年）一二、一九頁
（2）原前掲書二〇～二一、五四～五五頁
（3）アットウォーター・ドナルド、レイチェル・ジョン・キャサリン共著、山岡健訳『聖人事典』（三交社、一九九八年）二七〇～二七一頁
（4）アットウォーター前掲書二七一頁
（5）フレンチ・R・S著、岡村正平訳『盲人の社会学的・教育学的研究』（東京教育大学教育学部特殊教育研究室、一九六九年、原書一九二四年、一九二五年）三四頁
（6）デ・ウォラギネ・J著、前田敬作・山口裕共訳『黄金伝説』第二巻（人文書院、一九八四年）二七二～二七五頁
（7）フレンチ前掲書二頁
（8）阿部謹也『阿部謹也著作集』第五巻（筑摩書房、二〇〇〇年）四三八頁
（9）フレンチ前掲書三四頁
（10）カエサル・J著、中倉玄喜訳『〈新約〉ガリア戦記』（PHP研究所、二〇〇八年）三三九～三四一頁
（11）月川和夫「ドルイドとギリシア・ローマ世界」（中央大学人文科学研究所編『ケルト　伝統と民俗の想像力』（中央大学出版部、一九九一年））一三一～一三〇頁
（12）青山吉信『アーサー伝説』（岩波書店、一九八六年）一三四～一三五頁
（13）上尾信也『吟遊詩人』（新紀元社、二〇〇六年）二一八～二二〇頁
（14）マルカル・J著、金光仁三郎・渡邉浩司共訳『ケルト文化事典』（大修館書店、二〇〇二年）

一一二頁
(15) フレンチ前掲書四頁
(16) クウィーン・S著、高橋梵仙訳『西洋社会事業史』(ミネルヴァ書房、一九六一年) 一九八頁
(17) 阿部謹也『阿部謹也著作集』第一巻(筑摩書房、一九九九年) 四〇二〜四〇三頁
(18) クウィーン前掲書二〇〇頁
(19) フレンチ前掲書一三頁
(20) Farrell, Gabriel. *The Story of Blindness.* (Harvard University Press, 1956), pp.146-147.
(21) クウィーン前掲書二九八頁
(22) 今野國雄『修道院』(岩波書店、一九八一年) 七二〜七三、八七頁
(23) ベネディクト著、古田暁訳『聖ベネディクトの戒律』(すえもりブックス、二〇〇〇年) 三四、一三六、二一二、二一四〜二一五頁
(24) 阿部謹也『阿部謹也著作集』第四巻(筑摩書房、二〇〇〇年) 三三九頁
(25) フランク・K・S著、戸田聡訳『修道院の歴史――砂漠の隠者からテゼ共同体まで』(教文館、二〇〇二年) 七四頁
(26) 阿部謹也『阿部謹也著作集』第五巻(筑摩書房、二〇〇〇年) 九四〜九六頁
(27) フレンチ前掲書一四〜一五頁
(28) クウィーン前掲書二一九頁
(29) クウィーン前掲書一六〇〜一六一、二一九〜二二〇頁
(30) 田中峰雄「中世都市の貧民観」(中村賢二郎編『前近代における都市と社会層』(京都大学人文科学研究所、一九八〇年)) 一〜四九頁

第三章　キャンズ・ヴァン救済院と盲人

キャンズ・ヴァン救済院の起源伝承

キャンズ・ヴァン救済院（Hôpital des Quinze-Vingts）については、これまで中世フランスにおける重要な意味をもつ盲人施設として関心が寄せられ、いくつか研究成果も積み重ねられてきた。この施設がパリに創設されると、続いてフランス北部のシャルトルにもこれに倣った小規模なシス・ヴァン（Six-Vingts）が設立された。その後、ヨーロッパの他の国でも同様な施設が設立される。これらの施設の先駆的ケースとなったのがキャンズ・ヴァン救済院である。本章では、先学の成果をふまえ中世に始まるキャンズ・ヴァン救済院の成り立ちを紹介し、今回筆者が訪れたキャンズ・ヴァン国立眼科病院に至るまでの道程を概観する。

キャンズ・ヴァン救済院の起源について、フレンチは真偽は明らかでないとしながら、一二五四年設立として次のような伝承を記している。

第一回十字軍でサラセンの手に落ちたルイ九世に対し、賠償金の支払いを待つ十五日の間に、一日二十人ずつの勇士がトルコのサルタンの命で盲目にさせられた。その三百人の勇士のために建てられた。[1]

また、ファレルも疑問があるとしながら、それまであった盲人の避難所を王が買い取り、盲目の十字軍勇士のために新しい建物を建てたとしている。そして彼らが失った目を指示し、「聖地、聖地」と叫びながら、パリの通りを施物を求めて練り歩いていたと伝えている。[2]

林信明も「十字軍遠征でビザンツ帝国に捕えられ、失明刑により目を潰された三百人の貴族がサラダン皇帝から送り返されてきたため、ルイ九世が一二六〇年にパリのサン＝トノレ通りに救済施設を建てた」という伝説を紹介している。そして「ルイ九世時代の歴史的遺物から貧しい盲人のためにキャンズ・ヴァン救済院が創設されたことはほぼ相違ない」としている。[3]

一二四八年、ルイ九世（Louis Ⅸ 一二一四〜七〇年）は十字軍を東方に先導し、エジプトのダミエッタを奪取したが、一二五〇年、マンスーラで敗北し、王自身も捕虜となった。王は釈放後、アッコンに四年間とどまり、一二五四年にフランスに戻る。一二七〇年、王は再び軍隊とともに出帆したが、チュニスを目前にして赤痢のため他界した。[4] このことから、先にみた伝説を考え合わせ、キャンズ・ヴァン救済院は王の帰国後から二回目の遠征に出かけるまでの間に創建された可能性が考えられる。

では一方、ルイ九世側の史料は創建をどのように伝えているのだろうか。ルイ九世他界後、また一二九七年の列聖に際し、王の生涯と真正な奇蹟を強調する多くの伝記類が著された。それらの聖人伝作者のうち、たとえば王の聴罪司祭でドミニコ修道会士のジョフロワ・ド・ボーリューや、王妃マルグリットの聴罪司祭でフランシスコ修道会士のギョーム・ド・サン゠パテュスは、ともに王による創建を伝えている。[5]

また、より信頼できると考えられるのは、ジョワンヴィル（一二二四～一三一七年）が一三〇九年に完成した書である。[6] 彼はシャンパーニュ伯領の大家老であるジョワンヴィルの領主で、王の親しい友人であった。彼はラテン語ではなくフランス語で書き、王が実際に一人称で語ったフランス語を記録している。ル・ゴフは「王について『本当である』と思われることが語られるとみえるのは、ジョワンヴィルのなかにしかない」と明言しているほどだ。[7] ジョワンヴィルは、王の治政下で多くの僧院が設立されたことに続いて、次のように記している。

王はまたポントワーズの施療院、ヴェルノンの施療院、パリの盲人館をお造りになった（一三九節）。

パリの近郊に盲人館を造らせてパリ市の貧乏な盲人たちを収容し、さらにこれへ礼拝堂を建てて、彼らの神への祈りに耳を傾けられた（一四二節）。

以上の証言から、キャンズ・ヴァン修道院はルイ九世の意向で造られ、パリの盲人たちを収容したこと、礼拝堂をそなえ、王自身が祈りの場に臨んだことが読み取れる。したがってルイ九世が創建したことは史実とみてよい。

ではその当時、パリの住民の目にそれはどのように映っていたのだろうか。すでにフレンチが指摘したことだが、フランス中世の個性的詩人といわれるリュトブフ（Rutebeuf）は大要を次のように記している(8)。

私には、なぜ王が三百人もの盲人を一つの施設に集めたのか、理解しがたい。彼らは、パリの街を昼の間ずっと大声で施しを乞いながら歩くのだ。誰も導く者がいないから互いにぶつかり、傷つけ合ったりしている。

リュトブフ自身についての詳細は不明だが、一二四五年頃から八〇年頃にかけてパリで活躍した詩人であると同時に、ジョングルールと呼ばれる世俗の楽人でもあった。新倉俊一によれば、彼はまた托鉢修道会のパリ大学進出もしくは私物化に批判的だったとされており、托鉢修道会に対して果敢に挑む論客だった[9]。したがってこれは同時代人による証言と考えてよいだろう。

キャンズ・ヴァン救済院の特色

これまでの研究成果では多くの場合、キャンズ・ヴァン救済院の形態を従来の救貧院と類似したものととらえ、既得の保護の権利を維持しようとする一種の盲人ギルドとして考えられてきた。これに対し、林信明はキャンズ・ヴァン救済院の性格について、フランス革命期に至るまで修道制をとり、入所者は聖職者的な性格を有していたとする見解を述べ、その歴史と入所者の生活の新たな一面を明らかにした[10]。そこで林の研究成果に依拠しながら、キャンズ・ヴァン救済院の特色についてあらためて考えてみることにしよう。

まず第一の特色としてあげられるのは、この盲人施設が王立であったことである。キャンズ・ヴァン救済院はルイ九世の意向によって創建されたが、その際いくつかの特権が付与され、それらを歴代の王も保証した。その土地は特権地とされ、入所を許可された者には避難居住や税の免除、また独特の青い衣服を身につけることなどが許された。フィリップ四世(一二八五~一三一四年在位)は一三一二年、他の修道会の修道士と見分けがつくよう、盲人の青い上衣に王家の紋章であるユリの花を刺繍するよう命じている。[11]

特に重要なのは、入所者には施設外で喜捨を求める托鉢行為が許されていたことである。これは一二六五年、ローマ法王クレメンス四世(一二六五~六八年在位)の勅許状の付与以来とされているが、林はパリの貧しい盲人には義捐金募集の特権が当初より与えられていたようだとみている。[12]またクレメンス四世をはじめとする諸法王は、施設内の教会に贖宥《しょくゆう》の広汎な権利を与えた。このような歴代の王や法王の保護により、キャンズ・ヴァン救済院とその教会は高い地位を占めるようになった。毎年訪れる王に倣う者も多く寄付も多額になり、入所者が生前贈与した財産と、広く組織的に募った義捐金に加えて不動産など莫大な財産を所有するようになった。[13]

第二に、キャンズ・ヴァン救済院は定住して修道に励む修道者の共同体であり、その財源は募金によって成り立っていたことである。パリでは盲人が入札を行い、最高金額を出した者が義捐金募集の権利を得た。

キャンズ・ヴァン救済院で聖職者の身分となるために必要な条件は細かく規定されている。盲人であること、貧しいこと、フランス生まれでカトリックの信仰をもつ二十一歳以上の男女が修道士・修道女となることができた。さらに教会参事会と管理者の前で、①ミサや讃美歌奉仕に献身的に出席して年六度以上告白し、②持参した動産・不動産などの個人財産をすべて放棄してキャンズ・ヴァン救済院に贈与し、外部に持ち出さないことを誓う。その後、公証人のもとで宣誓と贈与を確証して「キャンズ・ヴァン救済院入所証」を入手し、生前贈与の手続きを終えた上で最終的に聖職者の身分を獲得した。それ以後の入所者の財産所有や処分に関しては、複雑で厳しい規則が細かく定められていた[14]。

フレンチが述べたように、修道士・修道女たちは毎日ミサや聖餐式などの儀式に加わり、キャンズ・ヴァン救済院に寄せられた寄付や喜捨のお返しとして、寄進者の霊の救済を祈るのがつとめであった[15]。このように寄進を受けた側が、与えた側のために、お返しに祈禱することで両者の互酬性のシステムが維持されたと捉えられる。それは今日考えられる以上に大きな意味をもっていただろう。

第三に、修道士と修道女には条件付きだが結婚が許され、盲人と晴眼者が同居して比較的快適な生活を営んだ。林によれば、一五二二年の規則では定員三百人のうち、盲人の修道士が一五二人、晴眼の修道士が六十人、盲人または晴眼の修道女が八十八人と決められていた。盲人の修道士・修道女は手引きが必要な生活上の利便をはかるためか、晴眼の修道士・修道女としか結婚できないとされていた。施設の出入りは自由であり、毎日二～四時間、法律や歴史を勉強し話し合う読書会が早くから設けられていたという。また子供達に対しては、一定の年齢まで両親と生活し、院内の学校で教理問答、福音書の学習などの宗教教育のほか、基礎的な一般教育を無償で受けることができた。一二七三年に女性を教員に任命したという記録があることから、林はキャンズ・ヴァン救済院の創設後ほどなく学校が開設されたと指摘している(16)。

第四は、日常生活の管理が入所者の自治組織にまかせられたことである。施設の運営は教会参事会があたり、最終管理責任は政府が派遣した六人の管理者が行っていた。教会参事会は院長である施物分配僧総監をはじめ、入所者側からも修道士長のほか盲人の修道士が二人、晴眼の修道士二人の計四人が交代で陪審員の名で加わり、施設内の秩序維持と風紀監督のため一種の司法権を行使した。このほか参事会で発言権をもつ八人の修道士が存在したが、どの修道士にも手当てが与えられた。林は管理が入所者の自治にゆだねられたことから、総合救済院とは様相を異にすると述べているが、これは矯正の意図がなかったという点で核心を衝く指摘と思われる(17)。

〔※〕総合救済院　一六五六年、パリとその周辺の社会秩序を乱す恐れがあると見做された物乞い、貧者、浮浪者などを収容するため設置した。男女を問わず、能力に応じて労働に従事し宗教的雰囲気のなかで祈る生活を送らせて矯正しようと意図した。（林信明『フランス社会事業史研究』一九九九年、一二六〜一二八頁）。

以上、キャンズ・ヴァン救済院の特色として考えられる点をあげたが、それにしてもそもそも何故ルイ九世はこのような独自の性格をもつ修道制の施設を創設したのだろうか。その歴史的・宗教的背景を探ってみよう。

ルイ九世と托鉢修道士

ルイ九世が統治した一二二六〜七〇年の間はどんな時代だったのだろう。ル・ゴフによれば、十三世紀のフランスは経済の大発展の末期であり、農奴制は終焉をむかえ、都市ブルジョワが確立して近世的封建国家が建設され、スコラ学が勝利し托鉢修道士的信仰が定着した時代だった。(18)十一世紀から十三世紀にかけて、貨幣の普及など経済の驚異的飛躍によりヨーロッパ社会は大きく変化する。豊かさによって権力者や商人たちがますます富裕になる一方で、地方の農村は貧窮し、新しく成立した都市社会に多くの貧民や乞食が生まれ出た。彼らを保護する慈善施設を増やすことに教会をはじめ信心会、同業組合が心を配るようになる。

ヨーロッパ社会の変化に対応しようとして、教会は新しい制度を認めた。それはルイ九世と同じ時期に生まれた、一切の土地所有と土地収入を拒み、托鉢と施しで得たものでのみ命をつなぐという托鉢修道会である。修道制の衰退に対する反動として、托鉢修道士たちは都市のなかで俗人たちと深く結びつきながら、謙譲と清貧、そして慈善を実践して生きようとしたのである[19]。

ル・ゴブによれば、フランスでは初期のふたつの托鉢修道会、ドミニコ会修道会とフランシスコ修道会が早くに定着した。これらの修道会の構成員は「修道士」（モワーヌ）ではなく「兄弟」（フレール）であり、第二の「姉妹」（スール）の修道会と、第三の俗人の修道会を誕生させた。ルイ九世はこの修道制の新しい形態を積極的に受け入れ、シトー修道会と同様托鉢修道会を援助した。最初の十字軍遠征の準備のため、王は国内調査の大部分を知識人であり知的エリートであった托鉢修道士たちに託す。一二四七年以降、王の行政改革や不正の補償のために王国内に監察使を派遣したが、その多くはドミニコ会修道会とフランシスコ修道会の托鉢修道士であった[20]。このようにルイ九世の身近には、早い時期から補佐役や側近として托鉢修道士がおり、王は彼らのために修道院を建立するなど、両者の間に緊密な関係が築かれていたことはよく指摘されている。

一二五四年、十字軍に失敗したルイ九世は、聖地からの帰途、プロヴァンスでフランシスコ修道会士、ユーグ・ド・ディーニュに出会う。打ちひしがれた王に、ユーグは民意に沿うためにどう身を処すべきかを説き、「民人に正義をもってあたり、神の慈しみをしっかりとつなぎ留め」るよう道を示した[21]。ル・ゴフはこの出会いが王の生涯にとって重要な意味をもち、治世末期の政治や宗教思想に影響を与えたと指摘している[22]。

ルイ九世の個人的な信心行為のひとつが慈善である。王自ら、貧者や病人、障碍者に対して憐れみの業を惜しまず、献身的に奉仕した。王は貧しい盲人たちに食事を提供する際、盲人に鉢をわたし、それを手でどう扱えばよいかを教えたり、前におかれた魚の骨を手ずから取りはずし、ソースにつけて病人の口へ運んだと伝えられている[23]。さらに王は施政面では、一二五四年にすべての教区に貧民登録簿を備えて救済手段を講じさせ、一二六〇年には先代の王たちが行ってきた施しを制度化した。また、教会や修道院、病院、施療院など多くの慈善施設を建立した。そして没後二十七年を経て一二九七年、教皇により列聖されている。

以上のように、ルイ九世をめぐる歴史的、宗教的背景をみてくると、彼は当時の悲惨な盲人の境遇に目をとめ、托鉢修道士らの信心行為の影響をうけてキャンズ・ヴァン救済院を創設したとみるのが妥当ではないだろうか。それは王にとって神意に沿う当然の行為だったのだろう。

ルイ九世が生きた時代は、キリスト教が「ヨーロッパ社会の支配体制そのものにまで成熟し、教皇を頂点とする聖なる秩序は政治や経済の次元はもちろんのこと、上は皇帝や国王から庶民に至るまで、人々の心のひだの奥深く入り込む」（出村彰『中世キリスト教の歴史』日本キリスト教団出版局、二〇〇五年、一七頁）時代だった。それは施しが広く行われた時代でもあったのである。

気前よく施しをすることに金を使い過ぎると不満を述べる者に対し、王は「どうせのことなら浮世の贅沢や空しい名声のためよりは、神にあやかり施しのために金を注ぎこむ方がよい」と語ったとジョワンヴィルは証言している(24)。

十八世紀「キャンズ・ヴァン」の修道士

フランクラン編著『18世紀パリ市民の私生活　名高くも面白おかしい訴訟事件』によれば、パリのランジェリーを手広く扱う商人、ジャン＝ドゥニ・ジャンビュは盲人であった。

一七二九年、彼は住み込みで働いていた貧しいアンヌ＝セシル・ヴェルセ嬢と結婚した。夫のジャンは五歳で失明したが、十四歳の時、両親が彼名義の定期金をキャンズ・ヴァン修道院（救済院）に提供して修道会の終身会員の資格を得ていた。結婚して日も浅いうちから妻の夫に対する無体な振る舞いが続く。婚家の経済的援助をうけ経営者として力をつけた妻は、一七五四年の娘の結婚を機に、妻所有の住居に八〇〇〇フラン相当の家財を無断で運び出した。とうとう夫は妻を告訴し、家財返還請求の訴訟事件となった。その経過は記録されて残り、判例のひとつとして今日まで伝わったのである。[25]

結局のところ、夫側の勝訴で終るが、興味深いのは、訴訟趣意書のなかで夫のジャンが盲人の心情を吐露し、修道士として知りえた修道会内部の実情を語っている点である。これは当事者が語る貴重な証言であり、訴訟趣意書という文書の性格からかなりの信憑性があるとみてよいだろう。

陳情事由によれば、ジャンの両親は彼に楽器の演奏法を学ばせるとともに、経営していたランジェリーを扱う商売の仕方を教えた。その結果、盲人とはいえ、触っただけで布地の種類を識別し、その値段まで判るようになり、製品の裁断や縫製も器用に「まるで指先に目がついているように」できるようになった。すでに両親の計らいでキャンズ・ヴァン修道院の囲い地に住居をもっており、妻もまた、修道女の資格を得て同修道院から支給される終身年金、および住居に付随する諸々の利益が保証されていた。
さらに、夫は「キャンズ・ヴァン」と一括りに呼ばれている盲人が、内実、上位と下位の集団に分かれていることを次のように語っている。

上位集団に属するのは——私もその一員ですが——持参金を払って「修道士」の資格でこの施設に迎え入れられている人々であり、十分の一税を全額徴収する資格を持つ社会的地位の高い人々です。一方、下位の集団に属するのは、カンズ（キャンズ）＝ヴァン以外の施設でもそうですが、最大の苦しみと最少の利益しか得られない、住む場所と食べ物を慈善によりほどこされている貧しい人々であり、必要最低限の収入で暮らしを立てている人々です。

〔※〕十分の一税　中世から近世にかけキリスト教徒は土地のあらゆる生産物や労働による収入の十分の一を教会に納めていたが、フランク王国では七七九年シャルルマーニュ大帝が全国民に支払いを義務づけ、その一部を慈善事業に充てた。十三世紀以後、教会と俗人の双方が所有する財源となり、司教、小教区の司祭、教会堂維持、貧民救済のために充てるべきものとされた。フランス革命以後は国民公会により徴収権は廃止された（『新カトリック大事典』二〇〇二年）。

ジャンのような上位集団の者は、修道院長の許可を得れば施設外で暮らすことが可能であり、制服を着ることや百合の花をつける必要もなかった。さらに、パリの諸教会で集められた献金や、囲い地の住居からあがる家賃を収入として得ることができたと述べている。他方、貧しい盲人は年間二〇〇リーヴルをその謝礼として上位集団の者に支払うことで、上位集団の者にかわって教会で献金を集める役を引き受けることができた。すなわち教会の管轄区で施しを求める権利を持つのは上位集団の盲人であり、その権利を下位集団の盲人に賃貸していたのである。富裕な盲人には終生一定の生活保障が提供された。

以上のような上位集団の盲人の実情を述べたあと、夫は次のように理解を求めている。

盲人とはそんなによい商売なのかと裁判官諸氏が奇異の目でご覧になることはないと存じますが、不運にも目が見えなくなった者にとり、これはある意味でその埋め合わせであり、慰めなのだとご理解ください。

これまでみてきた夫の供述を通して、財力をもつ盲人がその財力を用いて修道士の資格を得、それに伴う特権や経済的利益を享受する一方、下位集団の盲人と差別化することで相対的に社会的地位の向上がはかられたと思われる。十八世紀のパリで生産手段をもち一市民として社会生活を営んでいた夫は、日常的に盲人として疎外される場面も多かったであろう。その代償は「キャンズ・ヴァン」の修道士になることで果され、社会的上昇の欲求を満足させるものとなった。彼の語る次のことばから、彼の自負する心を汲みとることができよう。

妻は目が見えるけれど財産がなく、私は見えないけれど財産があり、彼女を経営者として一本立ちさせた。私どもは「破れ鍋に閉じ蓋」だったわけであります。

十九世紀のキャンズ・ヴァン救済院と盲人

この節では、史料として王制復古期にあたる一八二一年から一八二四年にかけて出版されたマルレの石版画集『タブロー・ド・パリ』を取り上げる。

マルレ（一七七〇〜一八四七年）は石版印刷がフランスに紹介されて以来、一貫して石版画を制作し、パリの情景を忠実に描写した。『タブロー・ド・パリ』には、歴史家である

図9　「キャンズ＝ヴァン救済院の盲人たち」(『タブロー・ド・パリ』藤原書店，1993年，p.133)

ギヨーム・ド・ベルティィエ・ド・ソヴィニーが序文を寄せ、解説を加えている。序文のなかでこの画集の独創性と利点について「スナップ・ショットのような形で生のままの姿を捉えた風俗と、当時のパリの都市景観の正確な再現」であり、二十世紀の風俗写真家と同じような役割を果していると述べている。(26)

まず「キャンズ＝ヴァン救済院の盲人たち」と題した一枚に注目したい(図9)。これにはヴァイオリン、チェロ、クラリネット、ホルン、大太鼓の楽器を手にした七人の男性と一人の女性が、杖を持って支え合いながら大通りを歩むようすが描かれている。

解説によれば、キャンズ・ヴァン救済院はパリ市病院・救済院管理局の管轄外で、王家施物分配僧の支配下に置かれていた。王国内の「全盲で、

図10 「ポン・デ・ザールの盲人」（『タブロー・ド・パリ』藤原書店，p.117）

極度の貧窮状態にある者」のうち、三百人が選ばれて入院し、個室や日当を与えられ、羨ましいほどの待遇だったという。救済院の中で子供たちは無料で初等教育を受けることができ、大部分の盲人はフォーブール・サン＝タントワーヌの各種の工場か、救済院内に設けられた製糸工場で雇ってもらえる仕組になっていた。なかには楽士として働く者もいて、大通りを歩むこの盲人楽師たちは、ベルヴィル市門付近の安酒場へ向かうのだろうと伝えている。画面から仲間同士の会話も聞こえてくるようだ。

さらに、マルレは「ポン・デ・ザールの盲人」と題し、橋の上で若い貴婦人が連れている娘から、金を恵んでもらう盲人の姿を描写している（図10）。解説によれば、盲人の服装には十九世紀初めの紳士服の流行が反映されており、手回しオルガン、木の皿、椅子、パラソルや盲人の必需品である犬と杖など、商売道具一式は、この盲人の商売が安定していることを示すという。裕福な上流社会の貴婦人にとって、慈善活動は一種の宗教的、社会的義務として受け入れられ、ほとんどの者がそれを果していた。この橋の上の盲人に対する慈善の実地教育は、王政復古期の道徳面での関心の高まりに正確に対応すると、ド・ベルティエ・ド・ソヴィニーは指摘している。

ヴァランタン・アユイとパリ盲学校の創設

一七七一年九月、パリのルイ・ド・グラン広場でヴァランタン・アユイ（Valentin Haüy 一七四五～一八二二年）はある光景を目にする。フレンチによれば、一団の盲人が異様な服装をして高い尖った帽子をかぶり、それぞれ楽器を持ちサン・オヴィード・カフェーに並んでいた。そして鼻に大きな紙の縁の眼鏡をかけ、楽譜を手におどけたふうをしたのを見て観衆が笑い興じていたという。このキャンズ・ヴァン救済院の盲人たちの光景を見て、アユイは搾取される者の惨めさと、搾取する者や嘲笑する観衆の冷酷さに心をいため深い悲しみを覚えたという[27]。

ヴァランタン・アユイはフランス北部、ピカルジー地方に生まれ、パリに出て古典を学び、外国語を習得して国王の翻訳官や文字アカデミーの会員となった。パリでは、ヴォルテールやルソーに至る百科全書派を中心とする啓蒙主義者の思想に深い影響を受け、教育に関心を寄せていた。一七四九年に『盲人書簡』で視力の有無が認識能力に障りとならないことを論証したD・ディドロは、一七五九年に『盲人のための教育計画』を発表、その考え方に触発されてアユイは盲児教育の実践にとりかかる。[28] 折しも一七七八年にド・レペ神父（Abbé de l' Epée）がパリに聾唖学校を創設して聾唖児教育を始める。このド・レペの事業は、盲人によみ方を教え、職業を与えて自活できるようにするというアユイの考えを具体的な方向へと示すものとなった。[29]

一七八四年、アユイは当時設立された博愛協会が給費を与え保護していた十二人の盲児を、自宅兼事務所に集めて教育を始め、翌年、無料で盲児を教育する盲学校を発足させた。アユイは盲教育を積極的に公開して、ルイ十六世をはじめ、貴族や富裕な人びとの支持を集めた。一七八六年には『盲児教育試論』を著して盲児教育の基本を示す。アユイはそのなかでパリ盲学校開設の意義や趣旨を主張し、学習を通して盲人が自立して物乞いや社会への依存から解放される道を説き、盲児を持つ親に子の就学を促した。アユイがまず目指したのは、盲児に文字のよみ方を教えることであった。そのために浮彫り文字を考案し、凸字で印刷された本をよむことで、印刷術、書体、言語、歴史、地理、数学、音楽などを学ばせた。その上で糸紡ぎ、編み物など工芸、製本などの技術を身につけさせたのである。彼の凸字印刷の方法は、普通の印刷活字を逆に鋳造して、紙の裏面に文字を突起させるもので、文字を触覚でよむために活字を大きくする必要があり、問題点も多かった[30]。

しかし革命が起こると、貴族の没落などで経済的基盤を失い、盲学校の経営難に陥ったため、アユイは立憲議会にその存続を訴えた。その結果、一七九一年七月、接収されたセレスチン修道院はド・レペ創設の聾唖学校との共用ながら、国立盲人職業訓練学校となった。アユイは第一訓導として盲児教育に尽力した。

一七九四年、この盲聾の複合学校は分離し、盲人職工学校となって移転するが、一八〇〇年にナポレオンはキャンズ・ヴァン救済院と合併させ、内務省の管轄下においた。アユイは革命のさなか盲児教育を指導する一方、敬神と人類愛を強調する理神論的宗派、敬神博愛教を提唱していた。そのためであろうか、一八〇二年に職を失う。盲学校の卒業生を受け入れる私立の授産施設を開くが、それも一八〇五年に閉鎖となる。アユイは翌年ロシア皇帝に招かれサンクトペテルブルグに赴く途中、ドイツのベルリン盲学校設立を援助し、一八〇九年のサンクトペテルブルグ盲学校創設に力を尽した。こうしてアユイの先駆的な教育は、十九世紀初頭のヨーロッパ諸国の盲学校が成立する上で、大きな影響を与えた[31]。

以上、十八世紀後半に啓蒙思想が浸透するパリで、ヴァランタン・アユイが盲児に自立

図11・12　国立盲学校と校内のヴァランタン・アユイ像

の手段を与えようとして組織的な盲教育を試み、盲学校創設に至る歴史を概観してきた。

さて、パリ市内の地下鉄デュロック駅近辺には、ヴァランタン・アユイに関連する二つの視覚障碍者施設がある。デュロック駅からアンヴァリッドに向かって少し歩くと、左側には前述した国立盲学校（Institut National des Jeunes Aveugles 図11、12）があり、また駅からデュロック通りを行くと、ヴァランタン・アユイ協会（L'Association Valentin Haüy 図13、14）がある。

国立盲学校の建物は一八四三年に建設されたもので、それ以来、この地で多くの卒業生を送り出してきた。

またヴァランタン・アユイ協会は、一八八二年に盲学校の卒業生であるモーリス・シザランヌ（Maurice de la Sizeranne）が設立し、パリ盲学校の創設者ヴァランタン・アユイの名を冠したものである。一八八九年には公式に認可され、寄付金を受けることができるようになった。現在、協会は会員の会

図13・14　ヴァランタン・アユイ協会と１階ショールーム

費や民間の寄付金などの自主財源で博物館、点字図書館、出版所などを運営し、職業リハビリテーションセンターや作業所などの職業訓練事業は国庫の資金で運営している。

このような多岐にわたる事業運営を展開するとともに、新しい職域への進出もはかられている。協会一階の通りに面して長いショールームがあり、点字器など視覚障碍者のための特別な機器や遊具を常時展示している。それらは通りを行き交う人びとの目に留まるだろう。

そして街路に出れば、AVEUGLES（盲人）と書かれた三角形の標識が立てられている（図15）。晴眼者に対して、視覚障碍者の通行への配慮を促している。

キャンズ・ヴァン国立眼科病院

一七八〇年、キャンズ・ヴァン救済院は施設拡張を理由に地所を売却し、シャラントン通りの旧黒騎士館に移転した[32]。一八〇〇年、ナポレオンはキャンズ・ヴァン救済院を建て直

図15　AVEUGLESと書かれた標識

して国立盲学校と合併させたが、一八一四年に盲学校をふたたび分離させた。その後、自然科学の発達による医療技術の進歩に伴い、キャンズ・ヴァン救済院は、一八七三年に視力低下の可能性が高い疾患の治療を目的とした診療所を開設する。一八八〇年には入院設備をもつ眼科病院を建築して新しく医療施設としてスタートする。救済院は眼科に特化した医療施設へと変容したのである。以後、眼科治療の中心的存在となっていった。

二〇一〇年六月のある日曜の朝、パリ市内リヨン通りのホテルを出て、シャラントン通りのオペラ・バスティーユに隣接するキャンズ・ヴァン国立眼科病院（Centre Hospitalier National d'Ophtalmologie des Quinze-Vingts）をたずねた（図16、17）。かつて、キャンズ・ヴァン救済院の盲人たちも歩いたであろう道をゆっくり辿ってみる。病院、研究施設、聖ルイ・レジデンス、

図 16　キャンズ・ヴァン国立眼科病院

駐車場とひとまわりするだけでも、この医療施設が広大なことがわかる。

現在、この病院は入院、外来あわせて一二八のベッド数をもつ眼科専門の総合的医療機関であり、教育・研究機関としても知られている。これまでの発展に伴って病院は建て直しを重ね、旧黒騎士館時代の教会の入り口部分を残して一九五七年と一九六八年に再建された。特筆すべきは、聖ルイ・レジデンスと呼ぶ居住施設を備えていることである。これは十三世紀に聖王ルイ九世が創設したキャンズ・ヴァン救済院の精神を継承し、盲人や眼の障碍をもつ人びとが病院のかたわらで暮らせるよう設けられている。一六二室に二百人が生活可能である。

サン＝タントワーヌ・キャンズ・ヴァン教会

ここからサン＝タントワーヌ・キャンズ・ヴァン教

図17　キャンズ・ヴァン国立眼科病院への入口

図18　サン－タントワーヌ・キャンズ・ヴァン教会

会も程近い（図18）。もともとこの教会は一七九一年に救済院内に創建されたが、一七九八年に修道院が国有財産として売りに出されて国内における中心的地位を失った。現在の会堂は二十世紀初めに建設され、眼科病院や聖ルイ・レジデンスの盲人たちの信仰を支え、地区の教会として奉仕活動を行っている。

かつてこのサン－タントワーヌ地区は貧しく、反社会的な人びとが住む場所と見られていた。十八世紀後期には、すでに治外法権的な革命的街区だったという。カプランによれば、この城外地区はギルドの管轄権外の特権的場所で、市壁の外側の広大な領域を占め、なかでも最大なのがキャンズ・ヴァン地区であった。古い教会所領や宮殿・病院などの王立施設があり、それぞれ異なる司法的基礎、権利、慣習をもち、あらゆる種類のもぐり労働者を受け入れていた。カプランは旧制度下の城外地区の人びとが、自分たちは市内の者とは違うという意識をもち、相対的独立性の意識や、権利防衛に敏感な反中央権力的政治意識を発展させたとみている[33]。

一七八〇年にこの地にキャンズ・ヴァン救済院が移転した後、一七八九年に市民によるバスティーユ襲撃事件でフランス革命が勃発する。一八四八年には革命家たちの争いの仲裁に入ったパリ大司教への狙撃事件、フォブール・サン＝タントワーヌに六十五のバリケードを築いた暴動、いわゆる「六月蜂起」など、大混乱が続いた。その反面、この地区は地方から出てきたばかりの労働者にとって安全ではなかったが、安価な宿屋と多様な仕事があり、同郷ゆえの連帯感や、無資格の職人同士の信頼関係が築かれていたと言われている（*"Guide paroissial de Saint Antoine des Quinze"* 2009）。

やがて教会堂ではミサが始まった。オルガンの奏楽や聖歌に耳を傾け、しばらく時を過した。キャンズ・ヴァン国立眼科病院脇の階段を上ると、赤れんが造りの高架橋上の散歩道に出る。豊かな緑を満喫しながら、高みからキャンズ・ヴァン界隈の景観を楽しんで探訪を終えることにした。

注

（1）フレンチ・R・S著、岡村正平訳『盲人の社会学的・教育学的研究』（東京教育大学教育学部特殊教育研究室、一九六九年、原書一九二四年、一九二五年）一六頁

（2）Farrell, Gabriel. *The Story of Blindness*. (Harvard University Press, 1956), p.147.

（3）林信明『フランス社会事業史研究――慈善から博愛へ、友愛から社会連帯へ――』（ミネルヴァ書房、一九九九年）一五三頁

（4）ル・ゴフ・J著、桐村泰次訳『中世西欧文明』（論創社、二〇〇七年）一一四頁
八塚春児著『十字軍という聖戦　キリスト教世界の解放のための戦い』（日本放送出版協会、二〇〇八年）二〇八～二一〇頁
ハーパー・J著、本村凌二日本語版監修『十字軍の遠征と宗教戦争』（原書房、二〇〇八年）一九〇～一九九頁

（5）ル・ゴフ・J著、岡崎敦・森本英夫・堀田郷弘共訳『聖王ルイ』（新評論、二〇〇一年、原書一九九六年）一一一四頁

（6）ジョワンヴィル・J・ド著、伊藤敏樹訳『聖王ルイ　西欧十字軍とモンゴル帝国』（筑摩書房、二〇〇六年）二九〇、二九九頁

（7）ル・ゴフ前掲書（二〇〇一年）五九二頁

（8）Rutebeuf, *Histoire physique, civile et morale de Paris*(1842),p.440. (https://archive.org/stream/histoirephysiquOObeligoog#page/n516/mode/2up).

（9）新倉俊一・神沢栄三・天沢退二郎共訳『フランス中世文学全集４――奇蹟と愛と――』（白水社、一九九六年）四二八、五六八頁

(10)林前掲書一五四頁
(11)Farrell, ibid., pp.147-148.
(12)林前掲書一五五頁
(13)フレンチ前掲書一六～一七頁
(14)林前掲書一五四～一五五頁
(15)フレンチ前掲書一七頁
(16)林前掲書一五五～一五八頁
(17)林前掲書一五六～一五七頁
(18)ル・ゴフ前掲書(二〇〇一年)三〇頁
(19)リンドバーグ・C著、木寺廉太訳『キリスト教史』(教文館、二〇〇七年)一四二～一四七頁
(20)ル・ゴフ前掲書(二〇〇一年)三九九～四〇一頁
(21)ジョワンヴィル前掲書二七六～二七七頁
(22)ル・ゴフ前掲書(二〇〇一年)二五八～二六一頁
(23)ル・ゴフ前掲書(二〇〇一年)七七九～七八〇頁
(24)ジョワンヴィル前掲書三〇〇頁
(25)フランクラン・A編著、北澤真木訳『18世紀パリ市民の私生活 名高くも面白おかしい訴訟事件』(東京書籍、二〇〇一年)一五八～一八一、一七一頁(原注4、5)
(26)マルレ・J=H画、ド・ベルティエ・ド・ソヴィニー・ギョーム文、鹿島茂訳『タブロー・ド・パリ』(藤原書店、一九九三年)一、一一六～一一七、一三二～一三三頁
(27)フレンチ前掲書五〇頁

(28)林前掲書一五八～一六三頁
(29)加藤康昭『盲教育史研究序説』(東峰書房、一九七二年)一三九～一四〇頁
(30)加藤前掲書一四〇～一四二頁
林前掲書一五八～一六三頁
(31)加藤前掲書一四四～一四八頁
(32)林前掲書一六四頁
(33)カプラン・S・L著、高橋清徳訳「同業組合、《もぐり労働者》、そしてサン＝タントアーヌ城外地区」(鵜川馨、ジェイムス・L・マックレイン、ジョン・M・メリマン共編『江戸とパリ』(岩田書院、一九九五年))五一五、五二六、五四七～五四八頁

第四章　盲目の托鉢修道士

ウクライナの吟遊詩人

カリーキ・ペレホージエと呼ばれる人びと

かつて帝政時代の頃まで、ロシアにはカリーキ・ペレホージエと呼ばれる盲目の巡礼者がいて、主として聖書主題に基づいた詩歌を伝え歩いていたことが知られている。栗原成郎は東方正教の理想と信条をうたったその詩歌を民衆宗教詩と呼んだ。民俗宗教詩は十一世紀から十五世紀にかけて発達した。そしてロシアが「タタールの軛《くびき》」から解放され、モスクワ公国の隆盛と、ロシア正教文化の発達に新たな展望が開けた十五世紀末に成熟期をむかえたと述べている。(1)江川卓もまた、『カラマーゾフの兄弟』全編が、カリーキ・ペレホージエのうたう巡礼歌のモチーフに色どられており、主人公のカラマーゾフが巡礼歌のひとつを下敷きにしているという説を紹介している。[2]

また、東ヨーロッパの南西部を占め小ロシアと呼ばれたウクライナでも、コブザーリやリルニクのような盲目の吟遊詩人たちが、民族叙事詩や宗教歌を吟誦しながら遍歴していた。彼らは盲人だけのギルドを組織して教会と提携し、専門的職業人として自立していた。本章では、まずこれまであまり知られなかったウクライナの吟遊詩人のあり方に焦点を絞り、その独自性や始原をさぐることにしたい。

シェフチェンコの詩集『コブザーリ』

ウクライナを代表する国民的詩人といわれるタラス・グリゴリェヴィチ・シェフチェンコ（一八一四〜六一年）は、ウクライナの自然や農民の生活、コサックの栄光や歴史、大国の隷属からの解放をひたむきにうたった。一八四〇年、彼は最初のウクライナ語による詩集『コブザーリ』を出版した。そのなかの「ペレベンヂャ」の詩を次のように書き始めている。

年老いた盲目のペレベンヂャ ――
彼を誰が知らなかろう？

いたるところ彼はさまよい歩き
コブザをかきならす。
コブザを弾く人　それを人々は
知っており　礼をいう、
みずからは世の苦しみをうけながら
人々からは憂い悲しみを追いちらす。
ふしあわせものの彼は　垣根のもとで
起き臥ししている。
この世で彼には宿がない、
不幸は老いの頭を
嘲りわらうが
彼にはそれはどうでもよいこと、
ひとり坐って　唱いだす（以下略）

彼の詩集の表題ともなっているコブザーリとは、民族楽器コブザを弾きながら民謡や歴史的歌謡、叙事詩ドゥーマ（ドゥミー）を吟誦する吟遊詩人のことで、その多くは盲目であった。シェフチェンコは幼い頃からコブザーリに強くひかれていた。『コブザーリ』の訳者である小松勝助は、一般民衆がこの詩集を感動をもって愛誦し、ウクライナの悲惨な現在の状態や過去の栄光に思いを馳せたと解説し、ウクライナ文学において画期的な意義をもつと指摘した。(3)

シェフチェンコはウクライナの知識人とともに政治結社「キリロ・メトディー同胞団」に参加した。農奴制廃止や反専制を訴えたため、中央アジアに流されるが、死後、ウクライナ民族主義と独立運動の象徴的存在となった。(4) 十九世紀末から二十世紀初めにかけてのウクライナ歌謡には、シェフチェンコの詩に作曲された歌が多く、「広大なドニエプルは怒号し唸るような音を立てている」は世界的に広く愛唱されている。(5)

コブザーリのレパートリーのうち、語り物音楽の特性を持つ叙事詩ドゥーマに注目してみよう。

叙事詩ドゥーマの成立と歴史的背景

民族叙事詩ドゥーマは十五世紀初めに誕生したウクライナ独特の語り物とされている。その起源について諸説あり、二見淑子はドゥーマがコサックのなかに生まれたとしている。

十七世紀までは「戦争に参加した音楽家のコサックたちが戦闘の中で創作し、また戦傷の失明兵士が楽器を用いて弾き語りしながら遍歴した」と述べている。やがて東部ウクライナではコブザーリが撥弦楽器コブザを用いて（のちには多弦の撥弦楽器バンドゥーラを用いるようになる）、また西部ウクライナではリルニクが鍵盤付きの擦弦楽器リラを用いて、それぞれ弾き語りした。ドゥーマの吟誦は高度の専門技術が必要で、独占的にこれらの吟遊詩人がひとりで演唱するのが常であった。

二見によれば、歴史的ドゥーマには十五世紀から十六世紀にかけてのトルコ・タタールとの戦いに関するものや、奴隷となったコサックの苦難についてうたったもの、十七世紀のポーランドの抑圧に対する民族解放戦争に関するものなどがある。これらのドゥーマの性格について「吟遊詩人による自由な叙事詩に基づく高度な技術を用いての自由な叙唱」であり、特に現存する最古の作品については、強固な信仰や不屈の民族精神を芸術的に具現したものと捉えている。十六世紀になると、ドゥーマと同様、重要な歴史的事件や信仰をうたった歌謡も民衆によって生み出され、ゴブザーリやリルニクのレパートリーに加えられる。そして十七世紀には彼らは合同して吟遊詩人の同業組合を結成し、ドゥーマの伝統的演奏スタイルが形づくられた(6)。

ドゥーマも歌謡も歴史的事件をテーマにしたものが多いことから、ウクライナ民族の歴れる部分について次にまとめておこう。

史を簡単にみておく必要がある。先学の研究成果を参照しながら、本稿に関係あると思われる部分について次にまとめておこう。

九八八年、キエフ大公ヴォロディーミルの治世中にギリシア正教が国教となる。キエフ公国は繁栄するが、内部分裂から次第に衰退した。一二二三年にはモンゴル軍に敗れ、キエフも攻略されて崩壊する。以後、キプチャク・ハン国の間接支配下におかれ、一四八〇年まで「タタールの軛」時代が続く。一三二六年、ルーシ全体を統括していた正教の中心、府主教座はモスクワの興隆に伴いキエフからモスクワに移された。十四世紀半ばにはポーランドとリトアニアの支配下におかれ、後半にはリトアニアがキエフを含むウクライナの大半を領有した。

十五世紀頃、過酷な収奪から逃亡した農民や多様な出自をもつ人びとが南部辺境に移住し、自治的な集団を形成して自らコサックと称し、軍事力をつけてゆく。一五三〇年頃ザポロージェに本営シーチを建設し、ウクライナのコサックの中心地となった。一五六九年に「ルブリンの合同」が成立、ウクライナの大部分がポーランド領となった。十六世紀末以来、コサックはポーランド王にしたがい、戦いにより政治的地位を高めていったが、待遇や領主の搾取への不満からしばしば反乱を起こした。

ウクライナを支配下においたポーランドは、ウクライナの正教をカトリックに合同させようとはかる。ローマ法王をはじめ同調者もあらわれ、一五九六年にブレストで会議を行ったが解決せず、一部のみが合同し、従来の正教とは別にウクライナ独特のユニエイト（合同教会）が誕生した。

コサック集団は戦う目的を正教の擁護、ウクライナ人の保護、コサックの自由と自治を守ることにおき、ウクライナの民族意識を高めてゆく。一六四八年、フメリニツキーをヘトマン（指導者）に選び、ポーランドと戦いヘトマン国家を形成した。

一六六七年にポーランドとロシアがウクライナを分断、ドニエプル川右岸はポーランド領に、キエフを含む左岸はロシア領となった。右岸でのコサックの廃止後、左岸でも廃止となる。一七七二年にはポーランドが分割され、ガリツィア地方を除く全土がロシア帝国の支配下に入る。ウクライナは小ロシアと呼ばれ、ロシアへの同化政策が進められた。ガリツィアがその後、活発化するウクライナ民族運動の拠点となった。一七七五年にザポロージェ・コサックが、一七八三年にはコサックの連隊制度がそれぞれ廃止され、ヘトマン国家は終焉をむかえた。

一九一九年には東西のウクライナ共和国が合同する。一九二二年にはロシア連邦、ベラルーシなどのソヴィエト社会主義共和国を合わせてソヴィエト社会主義共和国連邦が成立し、ウクライナはその一員となった。

一九二七年にスターリンが権力を掌握すると、ウクライナの自治がおびやかされるようになり、スターリンによる粛清が始まる。知識人や文化人に加え、一九三三年頃から共産党員に対しても粛清が行われた。コブザーリのレパートリーである叙事詩ドゥーマは民族主義であると見做され、スターリンの粛清は吟遊詩人にまで及んだ。

一九三九年、盲目のコブザーリたちはハルキフの大会に招集されて狙撃され、大多数が粛清されたようだ。その数は数百人ともいわれ、この弾圧によりウクライナの伝統的吟遊詩人のほとんどが姿を消した。あるいはハルキフで狙撃されなくとも、個々に撲滅され、活動も弾圧されただろうと推測されている。しかし生き残ったわずかな者が「レーニンについてのドゥーマ」のように当代の話題から取材して作曲したものを演奏し、復活・再生を果たした。この粛清事件は一九九一年のウクライナの独立後に語り始められるようになり、一九九七年にハルキフ市はコブザーリたちを顕彰する碑を建てている。(7)

コノネンコと『ウクライナの吟遊詩人』

一九八七年十月、コノネンコ（Kononenko Natalie）は、キエフ大学の民俗学クラスで行われた演奏会で、盲目の吟遊詩人パヴロ・スプルンに初めて会った（図19）。そして彼がバンドゥーラを弾きながら語る歴史的叙事詩「レーニンについてのドゥーマ」や、「バイダ」のような歴史的歌謡を聴いて魅了されてしまう。当時のウクライナはソ連邦の一員で緊迫した情勢にあり、以後、コノネンコとパヴロ・スプルンとの交流が始まった[8]。

一九九八年、コノネンコの詳細な研究は *"Ukrainian Minstrels - And the Blind Shall Sing"*（『ウクライナの吟遊詩人――そして盲人はうたう[8]』）として刊行された（ジェラルド・グローマー氏のご教示による）。この著書のなかで、彼女は伝統的な吟遊詩人の在り方、例えば盲目であることが必須であり、精巧なギルド組織を作り上げたことなどを明らかにした。

図19　バンドゥーラを弾くパヴロ・スプルン（*"Ukrainian Minstrels - And the Blind Shall Sing"* M. E. Sharpe. より、吉武宗平模写）

とりわけ興味深いのは、吟遊詩人をその活動の宗教的側面に着目し、托鉢修道士として位置付けたことである。そこでコノネンコの研究成果によりながら、ウクライナの吟遊詩人の独自性や、コブザーリやリルニクがどのようにして生まれたか、その始原について考えてみることにしよう。

宗教者としてのコブザーリとリルニク

コノネンコは、コブザーリやリルニクが、一般的にキリストの精神的な子孫とみなされていたことを具現化するものとして、次のような伝説を取り上げている。

神は人びとに教えを説き、正義に至らせるため、最初にイエス・キリストを遣わした。それから使徒が、そして托鉢修道士があらわれた。こうして神のことばを世界中に広めることが吟遊詩人に託された。

また次のようなリルニクのことばを示している。

人びとが神の道に従って生きるように、孤児を傷つけたりせず、最後の審判を常に心に留めているように、神は人びとに教えを説く仕事をリルニクに与えた。

そしてリルニクのもつ楽器が聖書に出てくるダビデの竪琴、リラに由来し、リルニクの宗教歌は聖人や使徒によって作られたという伝説を紹介している。

一方、コブザーリについては、非業の死を遂げた人びとや、安らかな死が得られないような人びとの魂の供養を助けたことに始まったとみている。[9]彼らは哀悼の歌や祈りの歌をうたい、物語を語って死者の魂をなぐさめたのだろう。

コノネンコによれば、コブザーリはウクライナの土地や住民のために命を犠牲にしたコサックと密接な関係をもっていた。コサックが正教会の擁護者であることを明言し、コブザーリはキリスト教の聖者と関連づけられた。そしてすでに教会のために働いていたリルニクと一つになった。その過程でコブザーリとリルニクのレパートリーは混ざり合い、ウクライナの叙事詩はリルニクの宗教歌の特徴を数多く得たという。そして十九世紀の吟遊詩人の主な役目は、歌やその他の形式で、死後の祈りを捧げることだったようだと説明している。そして神聖な歌を演奏する人に盲目であることが要求されるのは、目が見えないことが、あの世、死、地下にある存在と関連づけられていたからだと指摘しているのは興味深い。コノネンコが明らかにしたように、吟遊詩人自身も使徒にならって宗教的な知識や情報を広め、また、彼らの歌を聴く人びとの救いと死者の永遠の眠りのために祈る義務があると信じていた。そして人びともまた、彼らの祈りは他の人の祈りより神に届くと信じたのである。[10]

以上のコノネンコの記述から読み取れるのは、吟遊詩人が神に仕える者であり、使徒のように布教活動の一端を担うことを信条とし、その宗教的役割を自任していたことであろう。そして盲目であることで、人びとは彼らの祈りに特別な効果を期待し、その有用性を理解していたのである。それは、コノネンコの言葉を借りれば "Minstrels were a path to God"（吟遊詩人は神への道）であり、橋渡し役でもあったといえよう。

吟遊詩人の始原

吟遊詩人は個人としては村の一員であり、職業人としてはギルド組織の一員でもあった。この組織は二十世紀初めまで会員の利益を守るべく機能し、吟遊詩人にとって不可欠なものだった。

コノネンコの著述は多岐にわたっており、ギルドの特長や秘密の言語（レビースカ・モヴァ）、そして徒弟制や財政問題について、具体的事例をあげて論じている。それらはいずれも関心をひくものであるが、ここでは、さかのぼって吟遊詩人の成立に影響を与えた教会兄弟団との関係についてみることにしたい。ひいてはそれが、吟遊詩人がどのようにして生まれたか、その始原を探ることにつながるからである。

一五九六年、ウクライナではポーランドが正教をカトリックに合同させようとした。ブレスト合同によってカトリック教会が管轄するユニエイト教会が成立し、聖職者制度は廃止され、聖職者は解散させられた。正教会の平信徒のなかで唯一組織化されたのは、コンスタンチノープルの総主教から認められていた教会兄弟団である。

兄弟団は主に都市の商人や職人などの市民から成り、商人ギルドや手工業ギルドに似た強い独立性と統制力を持っていた。彼らの目的は存続の危機にある正教会をあらゆる方法で擁護することであり、提携している教会を経済的に援助していた。また地域社会では障碍者や貧者を保護し、宿泊施設である宿坊を運営して彼らに住居を提供した。宿坊では乞食や巡礼者、教会学校に通う貧しい学生、身寄りのない者なども生活を共にしていた。十分な支援を受けた宿坊もあるが、ほとんどの宿坊の住人は、祝祭日以外、自力で生活しなければならなかった。貧者たちは教会の近くやバザーで施しを求め、それで衣食をまかない、イコンや聖書などを教会に寄付した。コノネンコは自分の生活費を宿坊に寄付することを義務付けたことについて、この方針は増大してゆく宿坊の財政的負担を軽減することを意図したものと捉えている。

教会兄弟団が支援しているもうひとつの施設が教会学校である。教会学校は宿坊と同様に数多くあり、教育を望む人をほぼ全員受け入れたため、貧しい家庭の子供も教育を受けることができた。教会学校で学生は文法から始まり、読み書きや聖典などの宗教教育を受け、学科に関する多くの知識を得た。正式なカリキュラムではなかったが、特に芸術が重視され、学生はまじめな詩や風刺詩をかいてそれをうたった。そして自活するために物乞いに出かけ、集団で詩歌を吟誦して支援を求めた。学生のこのような活動は日常生活を共にしていた宿坊の住人の手本となっただろう、とコノネンコは推測する。例えば吟遊詩人のレパートリーのひとつである「すべての町へ、その権利と社会的慣行」という歌は、学生が作った詩を基にしたものである。叙事詩と史詩と思われるもの以外、聖書や外典、またその変形など吟遊詩人のレパートリーの題材のほとんどは、教会学校や学生に由来したとみている。こうした活動の影響を受け、吟遊詩人は現在知られている姿となったのだろうと結論づけている。

ここで吟遊詩人として自立するに至るまでの経緯を整理しておこう。

(1)コブザーリとリルニクはカリーカ（身体障碍者）であることから宿坊に住むことを許され、宿坊にルーツがある。

(2)彼らは兄弟団にならい盲人だけのギルドを組織して教会と提携し、コブザーリは徒弟制によって、リルニクは主に彼らの小さな学校で、それぞれ宗教的、音楽的教育を受けた。

(3)彼らは教会学校や学生から習得した宗教的な知識や詩歌をレパートリーの題材に取り入れ、ゼブラキ（施しを乞う者）から専門的職業である吟遊詩人となった。

ところでコノネンコは次のようなエピソードを紹介している。

ロシアのエリザヴェータ女帝（一七四一〜六二年在位）は音楽を好んだが、ラズモフスキーの影響で特にウクライナの音楽を好んだ。一七三〇年、女帝はコブザーリのリュビストクを宮廷に入れたが、彼はその好意に報いず、一年後に宮廷を逃げ出した。彼を捕えて宮廷に戻せという勅命が、彼が逃げ込みそうな教会や修道院、宿坊に伝えられた。勅命は彼のことを色白で中背、盲目だと説明している。彼はモスクワからキエフへ移動し、ラヴラ修道院に隠れていた。ひとりで旅するのは盲人にとって並大抵のことではない。一七三一年八月、彼は監視の下、キエフからモスクワに戻る。この後、彼は自分の運命を受け入れたようで、一七四九年まで宮廷に留まったと記録にある。その年に、モスクワの紳士の集団が彼の自由を買い取った。その後の運命は完全に明らかではないが、ある程度の土地を与えられ、比較的裕福になったようだ[11]。

ラズモフスキーは左岸コサックの出身で、ペテルブルグの帝室合唱隊でうたっていたが、その美貌と美声から女帝に見初められ、のちに結婚した。彼は国政には関与しなかったが、ウクライナに対する愛国心を持ち続けたと伝えられている[12]。

コノネンコが指摘したように、盲人であるリュビストクが厳しい自然条件のもと、モスクワからキエフへ移動するのが困難なことは容易に想像できよう。だがそこには盲人の一人歩きに手を貸す人びとや、教会や修道院、宿坊などギルドの拠点を結んで、盲人が順を追って移動できるネットワークやルートが存在した可能性も考えられる。

唯一の盲目の吟遊詩人――パヴロ・スプルン

一九八七年、パヴロ・スプルンはキエフ大学で行われた演奏会で、聴衆のひとりであったコノネンコをその場に釘付けにしてしまう。それほどまでコノネンコが心を打たれたのは、表現された歌の内容に対する彼の情感の深さだったという。

コノネンコによれば、スプルンは中背のがっしりした体格で頬ひげを長くしており、演奏するときは刺繍したウクライナシャツを着てコサック風に装っていた。彼はキエフ郊外の合同アパートで盲目の妻と暮らしていた。ソ連邦が存続している間、この地域では障碍者のための社会的プログラムが機能しており、彼の住むアパートには多くの盲人たちが住み、道をへだてた工場へ働きに出ていた。彼は一九三七年に町はずれの村で生まれ、六歳のとき、地雷の事故にまきこまれて失明した。盲学校で妻に会い、のちに結婚する。キエフの学校でバンドゥーラの弾き方や歌の訓練を受け、一九七〇年代の早い時期からコブザーリとしてうたっていたという。工場労働で得る収入で生活を支えており、演奏活動は副業であった。しかしソ連邦の崩壊ですべてが変わった。彼は演奏家組合に入り、レストランやカフェでの演奏を楽しむようになったのである。
コノネンコはパヴロ・スプルンを今日のウクライナで唯一の盲目の吟遊詩人であると認めている。他のコブザーリは晴眼者であり、また多くの盲人が公共の場で歌をうたっているが、施しを乞い金を得るためであり、彼らは音楽性を高めようと努めることなく、伝統的な吟遊詩人の歌を再生しようともしないと述べている。現在では誰もがバンドゥーラを手にし、何でも好きな歌をうたい、吟遊詩人が復活してきているが、それには「何かが欠けている」という。かつては盲人だけが吟遊詩人になることが許され、特別な一連の歌を彼らだけが演奏できた。そうした制限が吟遊詩人の芸術的力と、精神的効果に寄与したと説き、次のように述べている。

レストランのオーナーが伝統的な吟遊詩人の歌が物悲しすぎるとして、パヴロ・スプルンにうたうのを止めさせたり、晴眼で応対しやすい吟遊詩人の方を選んで、スプルンを軽んじている様子を見ると、精神的な支えを切望しているウクライナが、その伝統の源のひとつを見落としていると思わずにいられない。(13)

旧ユーゴスラビアの口誦詩人

ミルマン・パリーの発見とその後継者

二十世紀に入り、アメリカの古典学者ミルマン・パリーによって驚くべき発見がなされた。パリーはホメロスの『イリアス』と『オデュッセイア』のテキスト研究者である。彼は一九三三年から三五年にかけて、古代ギリシアの地に程近い、旧ユーゴスラビアを中心とした南スラブ語地域に実在していた口誦詩人たちを対象に、口頭伝承調査を行った。詩人たちの吟唱や彼らへのインタビューを記録し、その仕組みや特徴を論理的かつ科学的に洞察・分析した。そして詩人たちがうたう叙事詩が、ホメロスの叙事詩と同じように、テキストの支えもなしに口頭で組み立てられ、一定の韻律にしたがい、決まり文句から構成されていたことを示す証拠を見つけ出したのである。

パリーの口頭伝承調査に助手として加わり、早世した彼の仕事を継承して、その業績を発展させたのがロード（Lord, Albert B.）である。一九五四年、ロードはパリーを共著者とした『セルボ＝クロアチア語の叙事詩』に続き、一九六〇年には『物語の歌い手（*The Singer of Tales*）』を刊行した。

そこで次に、ロードの『物語の歌い手』に基づき、その詳細な著述のなかでも吟唱の習得過程に注目し、ロードが具体例をあげて報告した盲目の歌い手に焦点をあてることにしよう。なお、この書に付けられたCDには、ロードが資料として引用した歌い手たちの吟唱や彼らとの会話などが収録されている。

口誦詩人と伝統の決まり文句

ロードは旧ユーゴスラビア地方の口誦叙事詩を分析するためには、吟唱について正確に理解する必要があることを説いている。ロードがいう口誦詩人とは作詩者であり、また物語の歌い手とは物語の作者である。ロードによれば、歌い手、吟唱者、作者、詩人は異なる側面であって同時にひとつのものであり、うたうこと、吟ずること、作詩することが同じ行動の一面だとしている。つまり歌い手にとっては、吟唱しているときが作詩しているときなのである。そして実際の場面では、聴衆を集中させ続けるためにその技術が試され、歌い手の才能の問題を除けば、吟唱時間の長さは聴衆次第で決まるのだという(14)。

一九三〇年代の旧ユーゴスラビア地方では、成人の男性にとって、叙事詩をうたい聴くことが主な娯楽であった。村や町では、個人の家で、またカファナ(コーヒーハウス)やハン(宿屋をかねた酒場)など男性だけに限る場所で、市の日やラマダーンの祝いなどに叙事詩はうたわれた。歌い手が一曲うたい終わると、聴衆は飲み物や報酬を与えるのが習わしであった。

歌い手たちは叙事詩に合わせ、リュート属の擦絃楽器グスレを一絃の弓で弾く。あるいは二絃の撥絃楽器タンブーラを用いることもあった。彼らの職業はカファナの経営者やウェイター、農業や家畜の飼育・売買をする人、商人、地方長官などさまざまである。彼らは特別な社会階級を形成していないようであり、共通するのは読み書きができないこと、叙事詩をうたうことに熟達したいという願望をもっていることだとロードは述べている(15)。

二十世紀の口誦詩人はどのようにして吟唱を学んだのだろう。ロードはその説明として、パリーのテキストからセコ・コリッチの証言を取り上げている。大まかにとらえれば、技術習得の過程には、少年時代(十～十四、五歳)から三段階あり、第一は他の歌い手の吟唱を聴いて吸収する期間、第二は練習に励む見習い期間、第三は批評眼のある聴衆の前でうたう期間である。第二段階では、形式上の基本的要素であるリズムとメロディー、歌とグスレまたはタンブーラをしっかり身に付けることから始まる。ユーゴスラビアの叙事詩の伝統では、最も簡潔なことばのリズムのパターンは十音節の一行で、四音節目の後に区切りを入れる。そしてその一行がメロディーを変えたり、十音節の間隔や間の取り方を変えたりしながら、何度も繰り返されるのである。また口頭での作詩には、指針となる模範文などない。歌い手にとって手本は多くあるが一定ではない。また、一定の形式でそれらを覚えるという考えもない。ではどうやって歌い手は吟唱の間、敏速な作詩を続けることができるのだろう。それは彼らが素早く作詩する特別な技法をもっているからで、その助けとなるのが歌い手の伝統だというのである。

旧ユーゴスラビアでは、何世代もの間に、作詩において、最も一般的な考えを数種類のリズムのパターンで表現する多くの言い回しが発達してきた。ロードはそれをパリーの定義をうけ「与えられた本質的な考えを表現するために、同じ韻律の状況のもとできまって用いられることばの集まり」と言い表している。歌い手たちは第二の見習い期間で、素早い作詩を可能にするこの伝統的な決まり文句を自由に駆使できるよう、十分に身に付けなければならない。そのためにはまわりの歌い手の吟唱を聴いて模倣し、練習を重ねて、自分の詩的な考えの一部にするまで学び、吸収する。そのようにして蓄積した決まり文句やテーマ（構成上の単位）を組みかえ、再構成することによって自分の吟唱を完成させ、その質を高めるのだとロードは説明する。(16)

盲目の口誦詩人

旧ユーゴスラビアの口誦詩人たちは、叙事詩をうたうことを生業としたのではなく、さまざまな職業についていた。ラマダーンの期間には、イスラム教徒のなかには半ば職業化した者もいたが、完全にうたうことで生活していたのは乞食だけだった。

乞食であるガッコのニコラ・ジャニュシェヴィッチも、ビハチのステパン・マイストロヴィッチも盲目で個性的だったが、彼らは吟唱の際、外面上においても、その言い回しの展開の豊かさの上においても、上手な歌い手ではなく、伝統の重要な伝達者ではなかったとロードは報告している。しかしロードが述べる価値があるとみたのは、マイストロヴィッチの場合である。一九三五年に五十五歳だった彼は、一歳半のときから盲目だった。十四歳の頃から両親の世話をしなければならず、二十歳でグスレに合わせてうたうことを学んだ。絃にいたずらされないよう、いつもグスレを袋のなかに入れて持ち歩いた。彼は乞食として何とか暮らしていたという。戦争とともに辛い時代がやってきたとき、町の商人は掛け売りをして助けてくれた。彼は結婚し、その後一人息子も結婚し、一九二八年頃まではうまくいっていたそうだ。しかしその後、一九三五年頃には、老齢の上に丈夫でなかったので、もはやうまくうたえなくなってしまった。そのため、あまり力を要しない短い歌を好んでうたうようになった。しかしそれではだれも彼の歌を聴かなくなり、ひとつの村でほんのいくらかの報酬を得るだけだった。そこで彼は客を喜ばせるため、客の好みに合わせ、トルコ人にはイスラム教やイスラム教徒が戦いに勝った歌を、セルビア人には彼らの歌をうたった。彼はほとんどの歌を他の歌い手がうたうのを聴いて学んだが、三、四曲は読んでくれる人がいたので歌の本から学んだそうだ。若いときの彼は、歌を覚えるのに一度だけ聴けばよかったが、今や新しい歌を覚えるのは難しくなったという。

もちろん、他の文化あるいは過去のユーゴスラビアの文化において、盲目の歌い手が芸術的に重要な役割を果たしていない、また果たさなかったということでもない、とロードはいう。そして間接的な情報だとした上で、コル・フソの例も紹介している。フソはモンテネグロのコラシン出身で、片目（または両目）が見えなかったが、グスレに合わせてうたいながらあちこち渡り歩いた。彼の評判は国外にも広がり、フランツ・ヨーゼフ帝の宮殿へも行き、うたを披露し帝からふんだんに報奨を与えられたという。フソは優れた芸人だったようで、その衣装と飾り馬具はロマンチックな印象を与え目立っていたそうだ。彼に学んだ歌い手のなかには名手も数人あらわれた。ロードによれば、本物のプロフェッショナルの歌い手とされたフソの例は、歌い手の名声が歌やテーマの寿命に果たす役割を示しているという。それは有名な歌い手は、そうではない歌い手より伝統により深い影響をおよぼすからだとしている[17]。

二十世紀の旧ユーゴスラビアの口誦詩人たちは乞食以外、うたうことを専業としたわけではなかった。そして強固な職業集団を組織することや、盲人がことさら特別な記憶力をもっと期待されることもなかったようにうかがえる。ロードは口誦詩人について、読み書きできないということが彼らの詩で用いられる特定の形式を決定するのであり、そのことにより彼らは文学的詩人とは区別されると述べている。

さて、こうなると、文字が定着した現代をさかのぼり、ホメロスの時代に「誉れいや高い歌人」と呼ばれ、歌の女神がその目を奪ったとされるデーモドコスのことを思い出さざるをえない。例えば『オデュッセイア』を開いてみよう。

イタケーの王オデュッセウスはパイエークス人の島に漂着し、アルキノオス王のもてなしをうけるが、その席にお気に入りのデーモドコスが召し寄せられる。デーモドコスは「かれには神が、なんであろうと気のおもむくままに歌えば、何人にもまして人の心をよろこばす力を与え給う」といわれる人である。デーモドコスは竪琴をかき鳴らしながら、オデュッセウスとアキレウスとの争い場面を吟唱する。またあるときは、オデュッセウスの懇望にこたえて、木馬の製作やトロイア陥落の場面をうたう。オデュッセウスはデーモドコスに「あなたの師はゼウスの姫のムーサか、それともアポローンに違いない。アカイア人の運命、かれらが何をおこない、どんな苦労困難をなめたかを、みんなまるで自分でその場にいたか、その場にいた人から聞いたかのように、まことに見事に語るからだ」と告げ、その名調子に耐えきれず、涙で頬をぬらすのである。このように、デーモドコスは「とりわけ歌の女神はかれを愛したが、幸いと禍いの両方を与えた。その目は奪ったが楽しい歌を与えた」と語られている。そして歌人の族は「歌の女神に歌の道を教えられ愛され」「地上のすべての人間に尊ばれ、うやまわれている」者として描かれているのである。

これまでヨーロッパにおける盲人の歴史的な在り方を探ってきた。

もとより以上の事例は、結果的にキリスト教世界中心になったが、時代も場所もそれぞれ異なり、自らの関心にひきつけて取り上げたにすぎない。したがってこれまで明らかになった盲人の姿をヨーロッパ全体に敷衍するわけにはいかないが、個々の事例は多様な在り方を示す盲人の諸相のひとつとみることはできよう。

その一方、あらためて自明のことに気づかされるとともに、課題も多く浮かび上がってきた。総じていえば、盲人が教会や修道院などのキリスト教施設と深く結び付き、密接なかかわりをもっていたことである。とりわけ中世には、キリスト教信仰があらゆる領域に深く浸透して強大な力を及ぼし、王権は教会によって支えられ、保障されていた。フランスでは、八世紀末にシャルルマーニュ大帝が諸侯に対して領内の貧者の救済を命じるが、そうした救済策はカトリック教会の手中にあり、大半の救済事業の組織運営にあたったのは教会であった。それゆえ中世の慈善事業の性格が維持され、盲人も貧者に含まれて長らく保護の対象でありつづけた。このような伝統的なキリスト教的慈善の時代から、盲人の自立のために欠かせない学習や、職業教育の組織的な実践へと進展してゆくためには、啓蒙思想が高まり、パリ盲学校が創設される十八世紀後半に至る時間の経過が必要であった。

さて、ヴェルナー・ショードラーの年代記に描かれた「盲目の乞食が犬にひかれて歩む」絵に導かれて模索を重ねてきた。戦乱のなかを盲目の乞食はどこへ行こうとしているのだろう。この盲目の乞食がもつリュートと、日本の琵琶法師や盲僧がもつ琵琶とは、ともに古代ペルシアのバルバットを淵源とし、それぞれが西方と東方に分かれて伝播したものであることがよく知られている。リュートも琵琶のどちらも、うたいまた語りながら演奏できる楽器でもある。かつて西方と東方の盲人たちが通底し合う文化を担っていたことになるのだろうか。これについてはさらなる検証が必要であろう。ヨーロッパにおける盲人の歴史的な在り方を探る試みは緒に就いたばかりである。活動の痕跡がうかがえるような史料は余りにも少ない。これまでと同じように手がかりを求めて歩むほかはない。

注

（1）栗原成郎『ロシア異界幻想』（岩波書店、二〇〇二年）一〇二〜一〇五頁

（2）江川卓『謎とき『カラマーゾフの兄弟』』（新潮社、一九九一年）七二～七三頁

（3）シェフチェンコ著、小松勝助訳『コブザーリ』（訳者代表井上満『世界名詩集大成12　ロシア篇』所収（平凡社、一九五九年、原書一八四〇年）二一～二三、二〇〇～二〇一頁

（4）加賀美雅弘・木村汎編『東ヨーロッパ・ロシア』朝倉世界地理講座――大地と人間の物語――10（朝倉書店、二〇〇七年）三八六～三八七頁
黒川祐次『物語 ウクライナの歴史』（中央公論新社、二〇〇二年）一四四～一四七頁

（5）二見淑子『――民族の魂――グルジア・ウクライナの歌』（近代文藝社、一九九五年）一五三頁

（6）二見前掲書二四二～二四八、二六九～二七三頁

（7）黒川前掲書二一四～二一五頁

（8）Kononenko, Natalie. *Ukrainian Minstrels - And the Blind Shall Sing*.(M.E.Sharpe, 1998), pp.4-5.

（9）Kononenko, ibid., pp.133. 196.

（10）Kononenko, ibid., pp.196-197.

（11）Kononenko, ibid., pp.142. 147-152.

（12）黒川前掲書一二一～一二三頁

（13）Kononenko, ibid., pp. 4-9. 196-198.

（14）Lord, Albert bates. *The Singer of Tales*. (Harvard University Press 1960. Stephen Mitchell and Gregory Nagy, editions-2nd ed. 2003) pp. 13-17

（15）Lord, ibid., pp.14-15. 20.

（16）Lord, ibid., pp.17. 21-26. 30.

（17）Lord, ibid., pp.18-23.

第五章　「盲目の乞食が犬にひかれて歩む絵」

『ヴェルナー・ショードラーのスイス年代記』

　ヒルシェングラーベン通りのホテルを出て裏山のなだらかな階段を登り切ると、チューリヒ大学はもう目の前だった。二〇一二年七月、日差しは強い。夏休みに入ったのか大学の構内は閑散としている。目指すのはチューリヒ大学図書分館。ドーム状の屋根がある大学メイン棟の隣りである。今回の資料調査の目的は、図書分館所蔵のファクシミリ版『ヴェルナー・ショードラーのスイス年代記』（*Die Eidgenössische Chronik des Wernher Schodoler*）[1]を閲覧、撮影し、阿部謹也が取り上げた「盲目の乞食が犬にひかれて歩む絵」（グラビア参照）を確認することである。

今回調査する機会を得た『ヴェルナー・ショードラーのスイス年代記』はルツェルンのファクシミリ出版社が一九八一年に出版したもので、大判（四〇×二九センチ）三巻本に解説書を加えた四冊組みの大冊である。この書については、二〇一一年八月、重竹芳江氏とチューリヒ大学在学中のフロリーン・レーグリ氏が予備調査を引き受けてくださっている。予備調査を含めて知り得たのは次のような点である。

○ファクシミリ版「盲目の乞食が犬にひかれて歩む絵」（第一巻三二頁v）は、縦一六・五センチ、横一八・三センチの大きさで彩色されており、盲目の乞食または盲人が描かれているのはこの絵一枚だけである（図20）。

○ファクシミリ版の解説書にはページ毎に説明がつけられている。それにはこの絵について「ウンターヴァルデン邦とウーリ邦の人びとがエッツェルを行軍している。前景に犬にひかれて歩む盲目の乞食楽士（Bettelmusikant）、遠くに絞首台と車輪」と記されている。

以上のように、盲目の乞食が楽士であり、この絵の舞台となる場所がエッツェル山であることが明らかになった。さらに他の資料に基づいてみていくことにしよう。

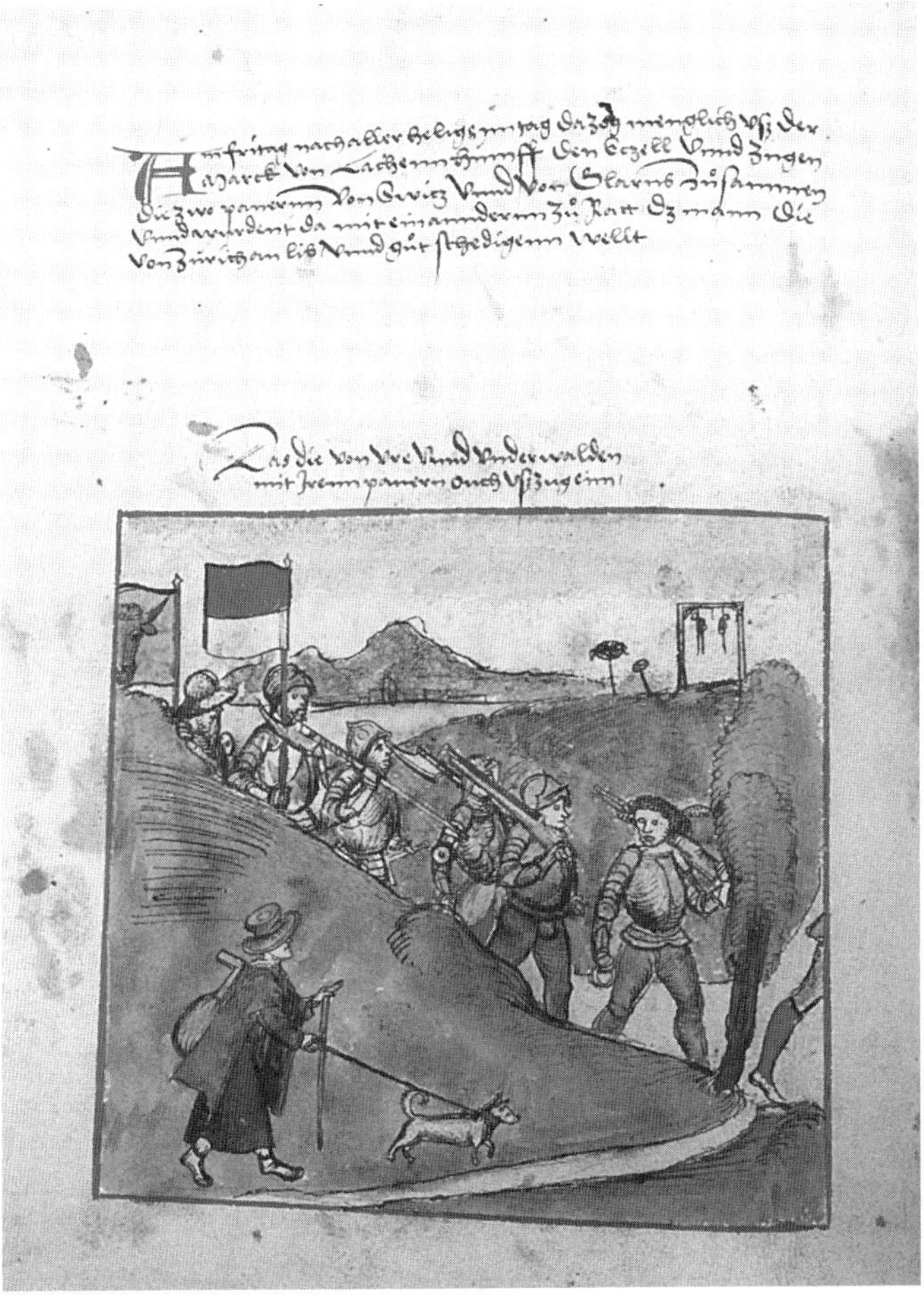

図20 「盲目の乞食が犬にひかれて歩む絵」（ファクシミリ版『ヴェルナー・ショードラーのスイス年代記』*Die Eidgenössische Chronik des Wernher Schodoler*）

『十五、十六世紀のスイス絵入り年代記』

ヴェルナー・ショードラーの『スイス年代記』については、一九四一年、ヴァルター・ムシュク（Walter Muschg）が『十五、十六世紀のスイス絵入り年代記』（*Die Schweizer Bilderchroniken des 15./16. Jahrhunderts*）[2]のなかで紹介、解説している。ただし、この書には「盲目の乞食が犬にひかれて歩む絵」は収録されていない。補足しながらそのあらましを見ることにしよう。

ヴェルナー・ショードラーは一四九〇年、チューリヒの西十数キロのアールガウ州（邦）ブレムガルテンに生まれ、一五二〇年から亡くなる一五四一年までブレムガルテンの町長をつとめた。彼は若くしてベルン町役場で働き、そこでシリングの年代記とその関連著作を知ったのだろう。ブレムガルテンに戻ってから一五〇九年に町の書記になり、個人的関心からシリングの手本にならって三巻本の年代記執筆に従事、一五三五年頃完成させている。テキストはディーボルト・シリングの年代記にかなり依拠しているが、一四八〇年からの記述は独自性がみられる、第三巻ではブレムガルテンで宗教改革が始まったとされる一五二五年までの事件を取り上げている。

まず、第一巻はいつ書かれたか不明で、原本も紛失しているが、テキストの写しは残っている。第二巻は一五一四年の年代記で、古チューリヒ戦争の描写で始まる。原本はブレムガルテンの市町村文書館が所蔵している。この巻にはショードラーが委嘱した画家による一三二枚の彩色ペン画が添えられ、「盲目の乞食が犬にひかれて歩む絵」もこの巻におさめられている。イラストの大部分は無名の二人の画家が描き、彩色については別の二人の画家の手になることがわかっている。ムシュクはこれらの彩色ペン画が複数の画家の手になるものであるにもかかわらず、まとまりのある作品に仕上がっていると述べている。そして色の鮮やかさと描写力で、スイスの絵入り年代記のなかでも最上の部類に属するとしている。第三巻はブルゴーニュ戦争を扱った一五一五年の年代記で、原本はアーラウ邦図書館が所蔵している。この巻では戦闘の場面が多くなり、力強い筆致で描いた一九三枚の無彩色ペン画が添えられている。

ムシュクは、第二巻、第三巻のペン画では風景が重要な役割を果たしていると指摘している。チューリヒの風景では教会のある村々がリアルに再現され、湖、山、空の自然が美しくとらえられ、建造物と町の様子は大部分が地形的にほぼ忠実に描写されているという。戦闘場面では人物はスケッチ程度に扱われているが、兵士の服装や武器全般については細部に至るまで詳細に描かれ、きわめて信頼できる資料を提供するとしている。このようにムシュクは、ペン画の美しさだけでなく、細部にわたる写実性に資料的価値を認めている。

ここで「盲目の乞食が犬にひかれて歩む絵」についてこれまで明らかになったことをまとめておこう。ショードラーは一五一四年に、その七十八年前に始まった古チューリヒ戦争について記述したが、この絵は、そのテキストに添えた複数の画家による彩色ペン画の一枚である。画家はテキストの内容にしたがい、伝聞や知識を参考にしながら描いたと思われる。年代記全体を通して作者の視線は戦場の兵士や戦闘の様子など専ら戦争そのものに向けられているようだ。この絵は、エッツェル山で邦旗を掲げ、留鉤《とめかぎ》銃や打撃用武器へレバルデを肩に行軍するウンターヴァルデン、ウーリ両邦の兵士が犬に先導された盲目の乞食楽士と遭遇した場面を描いている。兵士のひとりがリュートを背負った乞食楽士に一瞥をくれているのがみてとれる。

このほかにも、エッツェル山をゆく兵士を描いた場面がいくつかある。たとえば一四三九年五月二日にシュヴィーツ邦の兵士がエッツェル山の聖マインラート礼拝堂を占拠したり（ファクシミリ版、一二頁r）、ウーリ、ウンターヴァルデン両邦の兵士がシュヴィーツ支援のためエッツェル山を行軍したり（同、一七頁r）、一四四〇年十月二十五日に攻撃に向かうシュヴィーツ邦の兵士が旗手や鼓手とともにエッツェル山を行軍（同、二七頁r）したりする場面などである。したがって「盲目の乞食が犬にひかれて歩む絵」も行軍の場面を描いた一連の絵のひとつと推測されよう。

それでは、画家はなぜ行軍する兵士の場面の前景に盲目の乞食楽士の姿を描いたのだろう。ショードラーや画家が描くに値するとみたからなのか、また何かメッセージを込めているのだろうか。あるいは、その時代には説明する必要のないありふれた光景だったのだろうか。そして盲目の乞食楽士はどこへ行こうとしているのだろう。さまざまな疑問がわいてくる。このような疑問を解くには、この絵の時代背景を抜きにして考えることはできないだろう。そこで古チューリヒ戦争とブルゴーニュ戦争を中心に、十五、十六世紀がどんな時代だったのか探ることにしよう。

十五、十六世紀のチューリヒの歴史的背景

まず都市チューリヒに焦点を合わせ、当時の歴史的背景を探ることにしよう。とりわけ森田安一、出村彰、イム・ホーフ、瀬原義生諸氏の業績が参考になる。

古チューリヒ戦争（一四三六～五〇年）

古チューリヒ戦争とは、東スイス、トッゲンブルク伯領の継承をめぐって、都市チュー

図21　チューリヒに向かって出立する盟約者団軍

図22　防御態勢を強化するブレムガルテン

リヒが他のスイス盟約者団諸邦と領域問題で争い敗北した戦争である。これは単なるスイス諸邦同士の内乱ではなく、ハプスブルク家やフランスをまきこんだ国際戦争であった。

チューリヒはトッゲンブルク伯領を通るイタリアへの交易路を確保するため、トッゲンブルク伯と条約を結んで近しい関係を保っていた。一四三六年にトッゲンブルク家が断絶すると、チューリヒはリント平地を支配領域に組み入れようとした。これにシュヴィーツ邦が反対し、グラールス邦も同調して衝突した。両邦にとっても唯一、領域拡大が可能な地域だったからである。チューリヒは両邦を服従させようと食糧封鎖策に出る。シュヴィーツ側は一四四〇年、チューリヒと同盟関係にあった都市を攻撃して交易路を封じた。他の盟約者団諸邦もシュヴィーツを支持する。これに対抗したチューリヒは

図23　ジール橋で盟約者団軍を防衛するチューリヒ軍

図24　盟約者団軍のチューリヒ占拠

一四四二年、ハプスブルク家に接近して同盟を結んだ。このことをはげしく憤った盟約者団はチューリヒを敵とみなし、戦いが始まった。当時のスイスは八邦同盟時代で、盟約者団はウーリ、シュヴィーツ、ニートヴァルデン（のちオプヴァルデンも加わる）の原初三邦に、ルツェルン、グラールス、ツーク、ベルン、それにチューリヒとで構成されていた[3]。

一四四三年、盟約者団軍はチューリヒに向かって出立する（図21）。他方、ロイス川のほとりのブレムガルテンでは、切り倒した木の杭で柵をめぐらし、防御態勢を強化した（図22）。一四四四年、チューリヒ近郊のザンクト・ヤーコプのジール橋でチューリヒ軍は盟約者団軍を防衛するが（図23）、盟約者団軍はチューリヒを占拠してしまう（図24）。町を攻略できなかった盟約者団軍はチューリヒ支配下の村々をおそって略奪し、子供や老人、女性に戦死者を上回る多数の餓死者が出た。一時、チューリヒ市内で盟約者団支持派が優勢になることもあったが、チューリヒ軍と盟約者団軍の戦争状態は続く。もはやハプスブルク家単独ではチューリヒを支援できなくなり、フランスに応援を依頼した。同年アルマニャック傭兵軍を加えてフランス軍騎兵隊は、バーゼル近郊ビルス川沿いのザンクト・ヤーコプで盟約者団軍の先遣隊に勝利するが（図25）、それ以上、盟約者団支配地に立入らなかった。

図25　フランス軍騎兵隊と盟約者団軍との戦闘。いずれも古チューリヒ戦争（図21–25まで『ショードラーのスイス年代記』,『十五、十六世紀のスイス絵入り年代記』*Die Schweizer Bilderchroniken des 15./16.Jahrhunderts* 所収）

しばらく続いた戦争は、一四五〇年にチューリヒがハプスブルク家との同盟を解消することで和平が成立した。そして盟約者団は占領したチューリヒの旧支配地を返還し、トッゲンブルク伯領の大部分はシュヴィーツとグラールス両邦の共同支配地となった。敗北したチューリヒは盟約者団に復帰して決着した。

のちに古チューリヒ戦争とよばれたこの危機的状況をのりこえ、盟約者団各邦はその領域を拡大してゆく。周辺の都市や農村、諸侯と同盟を結び、占領によって共同支配地を獲得、また譲渡などによって支配領域を広げていった(4)。

ブルゴーニュ戦争(一四七四~七七年)

盟約者団はかねてから担保所領地域をめぐって、ハプスブルク家と争っていたが、バーゼルやフランスの働きかけをうけ、一四七四年にハプスブルク家オーストリア大公ジークムントとの間に「永久講和」を締結する。そしてハプスブルク家は盟約者団に奪われた所領を取り戻すことを断念し、サン・トメール条約の破棄を宣言した。ブルゴーニュのシャルル公はこの破棄通告を受け入れなかったため、盟約者団側はシャルル公に宣戦布告し、ブルゴーニュ戦争が始まった。自由伯領に攻め入る途上、盟約者団軍はエリクールを包囲して勝利する。シャルル公は本格的にスイスを攻撃してきたが、グランソン、ムルテン両戦闘にも盟約者団軍は勝利しシャルル公のスイス侵略を防御した。一四七七年、ロレーヌ大公の援軍要請をうけ、盟約者団軍はナンシーの戦いでも勝利する。シャルル公は戦死をとげ、その領地は解体されてブルゴーニュ戦争は終結した。

このブルゴーニュ戦争では、盟約者団軍の傭兵が決定的な役割を果たした。その軍事力をもって国際政治の表舞台に登場し、これ以後、本格的に傭兵化の道を辿り、あらゆる戦争に参加していった。一四八一年にはフリブール、ゾロトゥルンが盟約者団に加盟、一五〇一年にバーゼル、シャフハウゼンが、一五一三年にアペンツェルが加盟して、盟約者団は十三邦同盟時代に入る。このように十五世紀末から十六世紀初めにかけて、スイス盟約者団は膨張時代を迎えた。一四九四年、フランス王シャルル八世の五十年にわたるイタリア侵略戦争に傭兵として加わり、一四九九年のシュヴァーベン戦争で一方的にハプスブルク連合軍を破るなど、盟約者団軍は積極的に侵出していった。一五一二年のパヴィーア戦役に勝利した盟約者団は今度はフランス軍を撤退させ、パヴィーアとミラノを占領して盟約者団の膨張政策は最盛期をむかえた[5]。

しかしスイス国内では、膨張政策への反発や親フランス派の台頭など、さまざまな動きも活発になる。一五一五年に盟約者団軍は今度はフランスのフランソワ一世軍とミラノの南東マリニャーノで戦い、激戦の末、惨敗する。翌年フランスと条約「永久平和」を締結して経済的、軍事的関係を強化する。この条約は一五二一年に傭兵契約同盟へと拡大した。これによりフランスは一時にスイス人傭兵を六千人から一万六千人の範囲で募集できる権利を獲得し、その報奨金としてフランスから各邦へ支払われる年金は三〇〇〇フランに増額された[6]。

スイスでは十五世紀以降、牧畜業の伸展により生じた過剰労働人口の捌け口として、また穀物輸入資金の確保と、スイスに対する穀物輸出の自由の保証という要請にこたえ、傭兵制が誕生した。傭兵契約の反対給付として受け取る恒常的年金は産業に恵まれない森林諸邦の収入源となる一方で、外国傭兵の私的契約によりスイス兵同士が戦う危険を生み、精神的荒廃を招いていた。一五二一年の傭兵契約同盟に唯一参加しなかったのがチューリヒである。そのころチューリヒ大聖堂教会ではツヴィングリが宗教改革を目ざして活躍しはじめていた。彼はグラールスの司祭時代に政治詩『雄牛の寓話詩』（一五一〇年）を書いて示したように、早くから傭兵制や外国からの年金受領に批判的で、チューリヒ当局や市民に対して同盟反対を激しく訴えていた。(7)

チューリヒ教会改革運動――ツヴィングリとブリンガー

チューリヒの町の中央を流れるリマト河、その河岸にチューリヒの大聖堂教会がある。大聖堂の正面から右に回ると、出入口の大きな扉があり、全面が二十四枚のレリーフで飾られている。そのなかの一枚に、ベルンのドミニコ会修道院でリュートを弾く十四歳のツヴィングリと、三人の聖職者の姿が浮き彫りされている（図26）。

〔※〕これはレリーフのため、糸倉が後方に折れ曲ったようすはうまく表現されていないが、胴の輪郭、棹の太さ、糸巻、テールピースの形から初期ルネサンスのリュートである（鷹田治子氏のご教示による）。

図26　リュートを弾く14歳のツヴィングリ

ツヴィングリは一五一八年末にこの教会に司祭として赴任し、一五三一年、四十七歳のとき第二次カッペル戦争で戦死するまで、福音主義の立場からチューリヒ教会改革運動を展開した。この節でチューリヒの教会改革運動に注目するのは、ツヴィングリ（一四八四〜一五三一年）がショードラーと同時代を生きたからである。ショードラーは一五二〇年から一五四一年に亡くなるまで、改革による混乱の渦中にあったブレムガルテンの町長をつとめた。当時のブレムガルテンの動静やショードラーの去就を直接物語る資料は見出し得ないが、ショードラーは先祖からのカトリック信仰を強固に保持し、仲介役を引き受けたとみられている。戦争に明け暮れた時代に立場を異にして、ツヴィングリはどのような道を歩んだのだろう。それに加え、ツヴィングリの後継者となったハインリヒ・ブリンガー（一五〇四〜七五年）はショードラーと同郷であり、ブレムガルテンという土地の記憶を共有していたはずである。

まずツヴィングリのチューリヒ教会改革運動について簡単にみておく必要があるだろう。一五一七年、周知のようにマルチン・ルターは教皇庁による免罪符発行に抗議した意見書をドイツのヴィッテンベルクで公表し、福音主義の立場を主張した。ルター派はザクセン選帝侯など有力領邦君主の支持を得て急速に伸張し、十六世紀末までに北ヨーロッパにおいてルター派の国家教会が成立するまでになった。これに対して、スイスに発し、ルター派と別の類型のプロテスタント教会を生み出したのが、ツヴィングリを指導者とするスイス改革派教会である。

ツヴィングリは一四八四年、トッゲンブルクのヴィルトハウス村に生まれた。五歳のとき司祭であった伯父に預けられて学問を手ほどきされ、バーゼルとベルンで基礎的教育を受けた。ウィーン大学を経てバーゼル大学に入学し、在学中にトーマス・ヴィッテンバハの聖書講義を介してキリスト教会の戻るべき原点としての聖書や教会の在り方に初めて接し、当時盛んになったルネサンス・ヒューマニズムを身につけた。そしてギリシア語を学んでエラスムス流の人文主義的聖書研究に没頭する。大学卒業後、一五〇六年から一五一六年までグラールスの司祭をつとめるが、その間にミラノ戦争が起こる。盟約者団軍は、フランス軍と対しマリニャーノで激戦の末に惨敗するが、ツヴィングリも従軍司祭として参加し、傭兵として加わった教区民とともに悲惨な戦禍を体験した。一五一六年には巡礼地として知られるアインジーデルン修道院教会へ転任する。そこで目にしたのは初代のキリスト教信仰が世俗化した人びとの姿であった。

一五一八年末、ツヴィングリはチューリヒ大聖堂教会にむかえられ、聖書の連続説教にとりかかる。彼の周辺には、聖書によってのみ人は救われるとする新しい福音理解に共鳴する福音主義派が形づくられる。しかし旧来の信仰を固持し、その伝統的教義と慣習を守ろうとするカトリック派も多く、両派の対立は次第に緊迫した。一五二三年、市参事会が公開討論会を開いて両派が討論した。その結果、市参事会は聖職者に対し、聖書によって証明できることのみ説教するよう命じた。翌年、チューリヒは福音主義支持を明らかにし、聖画像の撤去、オルガンの使用禁止、修道院の廃止など徹底的な改革をすすめる。一五二五年にはミサ聖祭を廃止し、ここに福音主義化は一応完成する。

さらにチューリヒの宗教改革は生活全体にまで及んだ。一五二五年に救貧法が公布され、それまで教会の慈善活動と考えられてきた貧者や病人への救護の責任は政府にあることが確認された。貧者が施しを受けることで、施す者に対して天国への可能性を提供することになる、という中世的な考え方は一掃され、施しのような善行を行うことで救いを確実にする道はなくなった。救貧法では働く意志と能力のある者は自分の手で生活の糧を得るべきだとされた。この原則は修道院にも適用され、修道院の建物、土地、基金などは没収されて公的な救貧、扶助のために使われた。また婚姻裁判所を設け教会裁判権も移された(8)。

こうしてチューリヒの改革運動は時間をかけて定着してゆくが、スイス国内では孤立し、依然として根強いカトリック派勢力との間に極度の緊張が続いていた。一五二六年、カトリック派が呼びかけてバーデンで盟約者団会議を開くが、そこでツヴィングリと信奉者たちの破門と教会からの追放が決定される。しかし一五二七年にはザンクトガレンが宗教改革を実施する。続いてコンスタンツとチューリヒが「キリスト教都市同盟」を結成した。一五二八年にはベルンとコンスタンツ、さらにベルンとチューリヒが同盟を結び、翌年これにバーゼルとシャフハウゼンが参加した。これら相互の軍事協力を約した改革派諸邦に対抗して、ウーリ、シュヴィーツ、ウンターヴァルデンの森林三邦にツーク、ルツェルンが加わったカトリック五邦も「キリスト教連合」を結成した。両派の対立は話し合いで解決できず、一五二九年にはチューリヒがカトリック五邦に宣戦布告し、第一次カッペル戦争となる。しかしグラールスの仲介により、軍事衝突には至らなかった。

ツヴィングリはこれに満足せず、さらに積極的に外交政策を展開する。一五三一年、チューリヒはツヴィングリの意見に従い、カトリック邦への軍事攻撃を提案したが、「キリスト教都市同盟」の諸都市は応じなかった。チューリヒで開かれた都市同盟会議ではベルンの主張が受け入れられ、カトリック派に対する食糧封鎖を決議する。その後、フランス使節の仲介によりブレムガルテンで双方の調停会議をたびたび開いたが、最後の会議にはカトリック派の代表は出席せず、食糧封鎖の猶予などの調停案も拒絶した。結局困窮したカトリック派諸邦は十月戦端を開き、チューリヒ軍に総攻撃を加える。この第二次カッペル戦争で従軍牧師ツヴィングリは戦死をとげ、さらにブレムガルテンでベルン兵と合流したチューリヒ軍も敗退に終わった。(9)

翌月、チューリヒとカトリック五邦間に協約が結ばれ、第二次ラントフリーデ（平和条約）が成立する。その第一条に双方が互いの宗教を認め合うと規定されたが、ブレムガルテンなどこの条約が適用外とされた地域もあった。これらの地域ではカトリックへの復帰が強要され、ブレムガルテンでは首長の選挙権を失い、一〇〇〇グルデンの賠償金が課せられ、改革派は移住するほかなかった。

チューリヒ大聖堂教会がツヴィングリの後継者としてむかえたのは、カッペル戦争後に追放されていた二十七歳のブレムガルテンのハインリヒ・ブリンガーである。彼はブレムガルテンの教会の司祭を父として生まれた。ケルン大学へ進んだが、ルターの影響をうけて一五二二年頃ローマ・カトリック教会と決別する。カッペルにある修道院付属学校の教師在任中にツヴィングリとも知り合い、若くして改革派神学者として名声を得ていた。一五二九年、ブレムガルテン教会は彼を説教者としてむかえるが、彼の父も福音主義を表明してすでに教会改革に着手していた⑩。ブレムガルテンでは、このころ改革派が実権を握ったとされている。

ツヴィングリのチューリヒにおける福音主義に基づく教会改革の活動は、ツヴィングリ自身の戦死により十余年で中断を余儀なくされた。しかしその後継者ブリンガーの四十年にわたる精力的な活動によって、チューリヒの福音主義教会はドイツ語圏スイスだけでなく、東欧諸国などにも影響を与えることになる。ジュネーブに招かれたフランスの宗教改革者ジャン・カルヴァンの指導を受けたフランス語圏スイスともども、スイス改革派の伝統の形成に貢献した。

さて、ショードラーはその後どのような道を辿ったのだろう。一五三一年、第二次カッペル戦争後、彼はブレムガルテンに戻るとカトリック派に復帰し、一五四一年にペストで死去するまで町長をつとめた。その間、年代記執筆にも従事し、一五三五年頃『スイス年代記』三巻本を完成したと伝えられている。

エッツェルからアインジーデルンをたずねて

ヴァルター・ムシュクはヴェルナー・ショードラーの『スイス年代記』のテキストに添

えられたペン画について、色の鮮やかさや描写力、そしてその写実性に資料的価値を認めている。そうであるなら「盲目の乞食が犬にひかれて歩む絵」についても、エッツェル山や遠景の湖はありのままに描写されているのだろうか。

かつて兵士や盲目の乞食楽士が歩んだ現地はどのようなところか知りたくなり、エッツェル山の麓にあるプフェフィコンまで足を延ばすことにした。

プフェフィコンとエッツェル山

朝、通勤電車はチューリヒ駅を出発、ほどなく窓ごしに山の斜面で草を食む牛の群れを目にする。三十分足らずでシュヴィーツ州のプフェフィコンSZ駅に降り立った。真っ先に歓迎してくれたのも放牧場の牛たちだ。

チューリヒ湖畔に位置するプフェフィコンはスイスの新しいビジネス地区として注目されており、高層ビルなど大型建造物の建築ラッシュが続いているのがみてとれる。早速近くの食料品店に入り、エッツェル山はどこかとたずねると、女性のひとりが道をへだてて向かい側の建物の背後に見える山を指差した。カトリック教会を過ぎてエッツェル通りをその方向に進むと、ザックを背負った人びとが山頂を目指すのだろう、三三五五歩いて行く。エッツェル山の高さは一〇九八メートル、左右の稜線はなだらかに広がり、山すそか

図27　エッツェル山を目指す登山客

らゆるやかな起伏をみせて森が豊かに続いている。登り口から山頂まで二時間半かかるというが、道路は整備されて格好のハイキングコースであり、またマウンテンバイクのルートとしてもよく知られている（図27、28）。

ところがプフェフィコンを発したエッツェル通りは、現地で入手した旅行者向けガイドブックなどをよくみれば、ボーデン湖畔を起点としており、エッツェル山頂近くの聖マインラート礼拝堂を経て、旧エッツェル通りと交差しながらアインジーデルン修道院へと続いているのだ。つまり、このルートはアインジーデルンを目的地とする巡礼の道であった。そしてアルプス谷を経由してスイスを横断し、さらにフランスからヨーロッパを貫いてスペイン北西部、ガリシア地方のサンチャゴ・デ・コンポステラ大聖堂

図28　エッツェル山全景

に至る巡礼路へとつながるという。それゆえプフェフィコンからエッツェル山を通り抜け、アインジーデルンへと続くこのルートは、「聖ヤコブの道」(Jakobsweg) と呼ばれる巡礼路のひとつということになる。

このようなことがわかってくると、どうしてもアインジーデルン修道院を訪れないわけにはいかなくなってきた。

アインジーデルン修道院

ツヴィングリがアインジーデルン修道院教会に説教者として赴任したのは一五一六年のことであった。それ以前からアインジーデルンはヨーロッパ有数の巡礼地として知られ、今なお伝わる聖母像「黒いマドンナ」が多くの信者を集めている。プフェフィコンSZ駅から電車で

図29　アインジーデルン修道院

三十分、アインジーデルン駅を出て大聖堂前の広場まで続く石だたみの道を行く。駐車場には大型バスが並んでおり、多くのカトリックの巡礼者や観光客をむかえ入れていた。外観はバロック様式の威容をほこる大聖堂だが、内部もまた豪華で、そのはなやかな美しさに目を奪われるほどだ（図29）。

まず、アインジーデルン修道院の沿革について先にあげた旅行ガイドや先学の研究成果によって概観しておこう。

アインジーデルンは、ライヒェナウ修道院のベネディクト会修道士マインラートが八三五年頃、エッツェル山から「闇の森」（Finsterer Wald）に到達し、隠修士として庵（Einsiedelei）に隠棲したことに由来している。八六一年、マインラートは二人の盗賊に殺されたが、殉教者として扱われた。その後、隠修士たちが住みつき、九三四年に正式にベネディクト会修道院が創建された。九四八年九月十三日から十四日にかけて、聖母マリアに奉献された礼拝堂が天使にかこまれたキリスト自らによって祝聖別されたという伝説が広まり、多数の巡礼者が訪れるようになる。[11] 一〇一八年にヘンリー二世が「闇の森」一帯を寄進、一〇七三年にはドイツ語"Einsiedeln"の名が初めて登場する。

一三〇〇年代に入ってアインジーデルン修道院とシュヴィーツ邦の境界争いが激化する。シュヴィーツ住民は修道院領を勝手に開墾して放牧していたが、さらに修道院役人の家や巡礼者を襲うようになった。一三一四年には修道院を襲撃して財宝を奪い、修道士に危害を加えるまでになる。そのため、翌年修道院の保護代官であったハプスブルク家は騎士軍を派遣するが、モルガルテンでシュヴィーツ軍に大敗した。[12]

一四一四年、シュヴィーツ邦は住民に土地の権利を与え、一四三三年にはアインジーデルン修道院を含む一帯を法的、行政的に支配、管理下においた。一四三六年、トッゲンブルク伯領継承をめぐってチューリヒとシュヴィーツ邦の衝突がおこる。そしてこの衝突は古チューリヒ戦争へと拡大した（一二六頁参照）。一四三九年、シュヴィーツ邦兵士はエッツェル山の聖マインラート礼拝堂を占拠し、ウーリ、ウンターヴァルデン両邦の兵士もシュヴィーツ邦支援のためエッツェル山を行軍する。その兵士たちが犬に先導された盲目の乞食楽士と遭遇した場面を描写したのが「盲目の乞食が犬にひかれて歩む絵」なのである。以上のことから、この時代にはエッツェル山を通ってアインジーデルンへ向かう巡礼の道はつとに世の人びとに知れ渡っていたことが推測される。盲目の乞食楽士もまたアインジーデルン修道院を目指していた可能性が考えられよう。

巡礼地アインジーデルンと巡礼者

エルサレムは、キリスト教三大聖地のひとつである。一二九一年の最後の十字軍遠征でアッコンが陥落したことで拠点を失い、以後エルサレムまでの巡礼詣でが難しくなった。一方、サンチャゴ・デ・コンポステラは「サンチャゴ巡礼案内書」が作られるほど十二世紀には巡礼の人気が高かったことを伝えている。その後、ますます個人や団体の巡礼者が訪れるようになった。最盛期には年間五十万人がサンチャゴ巡礼に訪れたといわれている。また、ローマでは一三〇〇年以来ローマ教皇が「聖年」を設けて恩赦の年とした。その間隔が次第に短くなり、少なくとも生涯に一度はローマで「聖年」を体験できるようになって巡礼者の関心が高まった。このような展開の中で、地方巡礼も盛んに行われ、アインジーデルンも全ヨーロッパから巡礼者を迎えるほどの重要な巡礼目的地となっていった[13]。

一三四九年、ライン川西岸地域のアルザスの貴族ヴァルドナーが、商旅中のチューリヒ商人から三三四八グルデンの財産と二十四人の商人を奪うという私闘を起こした。これに対してチューリヒ側は報復としてアインジーデルンへ巡礼中のシュトラースブルク市民七十人とバーゼル市民二百人を抑留した。シュトラースブルク、バーゼル両市は戦う姿勢を見せたが、翌年調停によって和解し、解決した。[14] これは都市ごとに組織化されて団体でやってくる巡礼行が多かったことを示すものであろう。

中世後期になると、大小の巡礼地では巡礼の証となるように金属を鋳造した独自の徴が作られるようになる。「コンスタンツ年代記」によれば、一四六六年九月、アインジーデルンの天使聖別の祝祭に十三万人をこえる巡礼者が訪れたという。[15] 祝祭の期間中に金属製の徴が十三万個売れたことについて、オーラーは、その土地の金属加工業や鉱業、冶金、そして輸送制度に対する巡礼の大いなる貢献を示すものと指摘している。その後、アインジーデルンへの巡礼者は一六八三年から一七七一年にかけて、年による違いはあるものの、毎年平均十万人以上を数え、啓蒙時代に入っても六万二三〇〇人を下らなかったと伝えられている。[16]

このような巡礼地には、聖者の墓を巡礼しながら信仰を深め、特別の恩寵にあずかろうとして、病人や障害者などさまざまな試練のなかにある人びとが訪れる。なかには別の目的のために巡礼を利用し、巡礼者を装う者もいた。十五世紀後半の南西ドイツでは、スイス独立運動の影響をうけ領主からの解放を目指して農民蜂起が繰り返されていた。一四九二年、和解が成立しても処罰を恐れた農民二百人がスイスに逃れる。一四九三年、アルザスのシュレットシュタットで「ブントシュー」と呼ばれる農民一揆の陰謀が発覚した。ハンス・ウルマンら四人を指導者として選んだ一揆組織は、ベルン、チューリヒに支援を求めたが密告され、一一〇人余りが逮捕された。ウルマンはアインジーデルンに向かう巡礼者に変装してスイスに逃れたが、顔をよく知られていたため逃げ切れず、バーゼルで捕えられ、処刑された。その後の「ブントシュー」の指導者ヨス・フリッツも、一五一三年、三回目の「ブントシュー」の陰謀発覚ののち、巡礼者に扮してアインジーデルン修道院教会に参詣し、マリア像を描いた同盟旗の祝聖を受けている[17]。

巡礼者を装う例が多かったことについて、オーラーは、巡礼が特別な平和の保護の下にあることの悪用を指摘し、詐欺師、異端者、浮浪者、行商人、商人、スパイ、戦士などがしばしば巡礼の扮装をしていたことをあげている[18]。一方では、巡礼者をオーガナイザーとして使おうとした例もみられる。一五一七年、ヨス・フリッツはオーバーラインの「ブントシュー」を計画し、巡礼者をはじめ、旅芸人、曲芸師、行商人、薬行商人、大道唄い手、呼び売り商人、解雇された傭兵などを一揆の勧誘にあたらせた。さらに、乞食たちを不穏な空気を助長するために動員する手筈を整えていたが、計画は露見して実現することはなかった。[19]

ジンプリティシムスのアインジーデルン巡礼――『阿呆物語』より

この項ではドイツ・バロック時代の小説『阿呆物語』（岩波文庫版）を取り上げる。著者グリンメルスハウゼンは、プロテスタントとカトリック両派の争いに端を発し、ドイツ全土を戦場として拡大した三十年戦争（一六一八～四八年）を体験した。この書について関口存男は「三十年戦争当時の社会が写実的にありのままに描かれ」「自叙伝といってもよいほど、実話あるいは実話に近いもの」とみている。[20]以上のことをふまえ、この物語の主人公ジンプリティシムスの二度のアインジーデルン巡礼に着目し、当時の巡礼の様子や人びとの生活感情などを読み取ることにしよう。

まず、これまで明らかにされた著者の生涯についてまとめておく。グリンメルスハウゼンは一六二一～二五年の間に、ドイツ中部ヘッセン州ゲルンハウゼン町で生まれた。まだ少年だった一六三五年、ヘッセン軍に捕えられ、兵站部で雑用に携わる。のちにマスケット銃兵となり、書記見習として連隊に所属し、三十年戦争が終わるまで働いた。その後さまざま仕事を経て、一六六七年にシュトラースブルク司教区の小村、レンヒェンの村長となり、一六六九年に『阿呆物語』を出版するなど、著作の大半を完成させた。その後、村は再び戦乱に巻き込まれ、軍隊の暴挙に苦しむ。村に布陣したフランス軍とドイツ軍の戦闘では他の村長と協力し、過酷な軍税徴発の命令を拒否して農民に味方し、一六七六年に村でその生涯を終えた。

次に『阿呆物語』よりアインジーデルン巡礼に関する部分を⑴、⑵に分け、物語の展開に沿って摘記しておこう。

⑴ジンプリティシムス巡礼に行く（四巻二十六章、五巻一～二章）

ジンプリティシムスの信頼する友人、ヘルッブルーデルは戦闘で負傷して敵軍にライン川に投げ込まれたとき、神の救いの手を感じ、アインジーデルン巡礼の誓いをたてる。彼は傷が全快すると、スイスまで遠くないので乞食をしながらでも行きたいとジンプリティシムスに打ち明けた。ジンプリティシムス自身は巡礼したいと思わなかったが、当時スイスだけが戦禍の恐ろしさを知らない国だったので見物したくなり、同行したいと申し出た。友人はその同行と助力を拒むが、ジンプリティシムスは口先だけ回心し、友人にならって靴に豆を入れて歩くと誓い、同行を承知させた。兵隊が巡礼に出るのは珍しく、脱走兵扱いされるのを避けるため、行先を連隊ということにして通行証を司令官からもらう。案内人をやとい、閉門間際に町を出て夜のうちにスイスの村に入った。巡礼用の裾の長い黒服、杖と数珠を買い、案内人を帰らせた。

ジンプリティシムスの目にスイスは不思議な国に映った。人びとはのんびりと平和に暮らし、小屋に家畜があふれ、農家に鶏、ガチョウ、あひるが群をなし、通りでは旅人が不安なく旅を続け、宿屋では客が笑い興じていた。敵の兵隊を恐れることも、略奪の恐怖や生命・財産を失う不安もなく、ぶどうやいちじくの木の下で極楽のような日々を送るこの世の天国にみえた。

ジンプリティシムスは靴の中に入れた豆のために足が痛み、シャフハウゼンで豆を煮てもらいこっそり入れ直した。だがチューリヒでそれが発覚して友人のひんしゅくを買う。二人がたどりついたアインジーデルン教会では司祭が悪魔祓いの最中で、男に取り付いた悪魔は、豆の件をあばき、すさまじい声でジンプリティシムスを邪教徒のたぐい、親たちは再洗礼派だと罵倒した。その声を聞いてジンプリティシムスは心から懺悔し、カトリックの信者となる。二人は二週間滞在し、聖遺物などを見てバーデンへ向かった。

(2) 二度目の巡礼 —— 隠者から巡礼者へ(五巻二十二章、六巻一章・十章・十三〜十四章)

三年数カ月を旅で過ごして、ジンプリティシムスは親許に帰った。たまたま修道士の書に感銘を受けて森で隠者生活に戻るが、聖アレクシウスの生涯にならいふたたび巡礼に出る決心をする。布団代りの長いガウンの丈を切りつめ、その布地をガウンにぬいつけ施し物入れにした。りんごの木で杖をつくり、教会で隠者から巡礼者として生きることを証明書に書いてもらった。

ジンプリティシムスは浮浪者と付き合うにつれ、彼らの頭目のような存在になってゆく。長い髪とやぶのようなひげをみて、彼を予言者か奇跡を行う不思議な人物と考える人もいたが、大部分の人は「永遠のユダヤ人」だろうと考えた。

巡礼中は、乞食の道として金銭の施しをうけないことにし、かえって多くの食物をせしめた。シャフハウゼンでは親切な貴族の屋敷に泊めてもらい、朝食だけ提供をうけた。翌日彼は通行税を払えず立往生するが、通りかかった奇特な人が払ってくれた。その人は刑吏だったようで、税吏が巡礼の首もあざやかにねじれるものかたずねると、「知らない、税吏の首はいくつもねじったことがあるが、巡礼さんはまだ手がけたことがない」とこたえた。

金を持っている巡礼者はチューリヒ湖を船でわたってアインジーデルンを目指すが、ジンプリティシムスは船賃を払えないため、回り道をして歩いた。宿を提供してくれた人びとには所望に応じ、実際に旅行したかのように東西のほら話を披露しサービスにつとめた。こうしてアインジーデルンに辿りつき、聖地でお詣りをすませた。

以上のアインジーデルン巡礼に関する記述には、著者の体験に基づく見聞や伝聞による情報・知識が反映されている。スイスだけが戦禍の恐ろしさを知らない、この世の天国にみえたという主人公のことばには、著者の率直な気持がくみとれる。それは悲惨な戦争に直面したドイツ人がスイスをどのようにみていたかがうかがえる証言のひとつでもある。そのほか具体的で細かい情報を伝えており興味をひくが、そのなかから注目される点を三つあげてみよう。

第一は、(1)の悪魔払いの際に言及された再洗礼派についてである。これは十六世紀の宗教改革時代、幼児洗礼に反対し、自覚的信仰による洗礼を主張したプロテスタントの一宗派で、スイス兄弟団やドイツミュンスター派などに分れていた。スイス兄弟団は、ツヴィングリの急進的弟子たちがのちに再洗礼派に発展したものである。彼らは一五二五年にツォリコンの集会であらためて洗礼を行い、幼児洗礼の撤廃を求め徹底的改革を主張した。しかしツヴィングリやブリンガーは再洗礼派と対決し反論した著作を残している。チューリヒ市当局も過激な行動とみなして弾圧し、メンバーの多くを逮捕・投獄した。[21] 一五二七年、指導者フェーリクス・マンツはリマト河下流の漁師小屋で沈められ、溺死刑に処せられた[22]。またミュンスターのランベルティ教会のゴシック式尖塔に、さびついた鉄の籠が下がっているが、これは一五三四〜三五年に再洗礼派の一揆主謀者たちを処刑し、その死体を入れてつるした籠だという[23]。

その一方で彼らに同調する者も多く、ブレムガルテンでは三百〜四百人の住民が同情的だったと伝えられている[24]。著者も共感を示し、ジンプリティシムスがみたハンガリーに定住した再洗礼派の集団生活について「修道院の生活にもまさる美しい清らかな生活」だと語らせている（五巻十九章）。

再洗礼派の行動は国家権力の干渉を否定するなど、あまりに過激だとしてプロテスタント、カトリック両派から排撃された。

第二は、(2)で登場する「永遠のユダヤ人」についてである。これはエルサレムの靴屋アハスヴェルスのことである。訳注によれば一六〇二年初版の民衆本に、ゴルゴタへ連行される途中のイエスが、アハスヴェルスの店の前で足を休めようとして店主に突きとばされ、店主はその罰として最後の審判の日まで地上を彷徨しなければならないとする話が記されている。また、阿部謹也によれば、チロル地方でも靴屋がイエスの処刑に協力したため死ぬことを許されず、世界をさまよい歩かねばならない「さまよう靴屋」の伝説が生まれているという[25]。

民衆本によってドイツに広がったこの伝説に心ひかれ、詩作にとりかかったのはゲーテである。叙事詩『永遠のユダヤ人』は結局、断片にとどまったが、若いゲーテの壮大な詩想の一端を示すとみられている[26]。さらに興味をひかれるのは、人間の実存と神の問題を問い続けたラーゲルクヴィストの著作である。『巫女』（一九五六年）では、託宣を求めてやってくるアハスヴェルスを登場させ、また『アハスヴェルスの死』（一九六〇年）では、彷徨の果てに辿りつく彼の最期が描かれた。太陽の光がさしこむ修道院の床で横になったアハスヴェルスは自分の力で自分を救い、悟りを得る。大きな安らぎを得て、長い間憧れた死が深い慈愛の心をもって訪れるのを感じながら、この世に別れを告げるのである。

第三は、(2)の刑吏についてである。刑吏は裁判で判決を下された犯人に刑を執行する正当な職分でありながら、賤民として位置づけられていた。阿部謹也によると、十二〜十三世紀以前、処刑は供犠性をもつ神聖な儀式であり、司祭や高位身分の者が行った。それが十三〜十四世紀以後変貌し、都市ではじめて職業として成立した刑吏が行うようになったのである。そして近代に至るまで触穢《しょくえ》思想とつながる卑賤な職業として意識され、蔑視・差別の対象とされた[27]。

『阿呆物語』に登場するような十七世紀の刑吏はかなりの報酬を得て経済的には豊か

だったという。一六七〇年のレヴァルの刑吏には、固定給五〇ターレルのほか、官舎、燃料、麦芽、ライ麦、燕麦《えんばく》、乾草、それに四年毎に新しい服とマントが支給された。さらに処刑、さらし台の刑、拷問執行のたびに一ターレル、動物の皮剝に半ターレルから四分の一ターレル、二頭立ての馬車による道の清掃に四ターレルとスペイン産ワイン一瓶と燕麦が支給され、自殺者の処理に対しても報酬を得たという。また、一五七三年よりバンベルクやニュルンベルクの刑吏をつとめたフランツ・シュミットは、四十五年間に三九四人の処刑を誠心誠意やりとげたことを日記に記している。一六一八年、彼は市参事会員の推薦状をそえて皇帝に賤民から名誉ある市民にしてほしいと嘆願し、願い通りの宣言をえて引退を果たした。この日記では都市の刑吏の実態が明らかにされたが、彼らが礼儀正しく教養があり、かつ人間味にあふれていたことを示す話も多く、職人としての誇りと自信を培っていたことも指摘されている。(28)

以上『阿呆物語』に描かれたアインジーデルン巡礼について注目される三点についてみてきたが、最後にふれておきたいのはジンプリティシムスが巧みなリュート演奏者となったことである。司令官は彼にリュートを与え師匠のもとで技能を修得させている。当時の軍隊生活でもリュートが歌の伴奏や独奏用として人気があったことがうかがえよう。

チューリヒ湖のほとりで

エッツェルからアインジーデルンをたずねる旅も、いよいよ終わりに近づいた。アインジーデルン駅からチューリヒへ戻る途中、チューリヒ湖畔の町、ヴェーデンスヴィルでの乗り換えを利用して寄り道することにした。

七月の午後の木もれ日をあび、湖をわたる風に吹かれながら木陰でとる休息は、ひとまず旅の区切りをつけるのにふさわしい。眼前に広がるのはチューリヒ湖だ（図30）。湖の東端のリント運河はヴァーレン湖につながり、北西端のリマト河はアーレ川に合流する。さらにライン川をさかのぼればビュンドナー峠を経てイタリアに至るルート上に位置しており、水路によるヨーロッパ南北交易を発達させた。

かつてアインジーデルンへ向かう巡礼者たちはチューリヒのツンフト所属の船乗りや、湖畔の村の船乗りが所有する市場船でチューリヒ湖を渡った。チューリヒ湖船乗りの仲間団体はよそ者の船賃を市民の二倍と規定した。湖上には塩、鉄、穀物、また近辺で産出するワインなどさまざまな商品、それに多くの人びとを運ぶために、かなりの数の船が往来した。しかし十六世紀に入ると、ライン川沿いに道路が完備し、乗合馬車が普及して水運

図30　チューリヒ湖のほとりで

は衰退してゆく[29]。

船着き場でチューリヒ行きの白い船が客を乗せて岸をはなれると、鴨や白鳥の群れがまた集まってくる。ベンチに座れば遠くで水遊びに興じる子供たちの喚声が時折聞こえるだけだ。そうして時はゆるやかに流れ、自分も風景の一部となる。目の前には藍色の湖、対岸にはなだらかな山なみ、頭上にはさえぎるもののない紺青の空が、今日も変わらず人びとのささやかな営みを見ている。

注

（1）"*Die Eidgenössische Chronik des Wernher Schodoler*" um 1510 bis 1535.(Faksimile-Verlag, 1981).

（2）Muschg, Walter."*Die Schweizer Bilderchroniken des 15./16. Jahrhunderts*"(Atlantis Verlag, 1941), 図 148-184, pp.186-191

（3）イム・ホーフ・ウルリヒ著、森田安一監訳『スイスの歴史』（刀水書房、一九九七年）四二～四四頁

(4)森田安一『物語　スイスの歴史』(中央公論新社、二〇〇八年)七八~八一頁
(5)森田前掲書(二〇〇八)八二~九六頁
瀬原義生『スイス独立史研究』(ミネルヴァ書房、二〇〇九年)一三五~一四四頁
(6)森田安一『スイス――歴史から現代へ(地域主義・直接民主政・武装中立)』(刀水書房、一九八〇年)一九九~二一二頁
(7)森田前掲書(一九八〇年)二〇二~二〇四頁
瀬原前掲書(二〇〇九年)一五二~一五三頁
(8)出村彰「解題」「解説」(出村彰・森田安一・内山稔共訳『宗教改革著作集』五巻(教文館、一九八四年))四四二~四四八、四五一~四五六頁
(9)出村前掲書(一九八四年)四六二~四六四頁
(10)瀬原前掲書(二〇〇九年)三〇八~三一六頁
(11)森田安一「都市チューリヒの「船乗り」ツンフトについて――ツンフト内部構成の変化と政治体制をめぐって――」(森田安一編『スイスの歴史と文化』(刀水書房、一九九九年))七〇頁
(12)森田前掲書(二〇〇八年)五九~六〇頁
(13)オーラー・ノルベルト著、藤代幸一訳『中世の旅』(法政大学出版局、一九八九年)二九四~二九五頁
(14)瀬原前掲書(二〇〇九年)一〇六~一〇七頁、
(15)森田前掲書(一九九九年)七〇頁
(16)オーラー・ノルベルト著、井元晌二、藤代幸一共訳『巡礼の文化史』(法政大学出版局、二〇〇四年)二三、二五三~二五四頁

(17) 瀬原義生『ドイツ中世農民史の研究』(未来社、一九八八年) 四六八～四七六頁
瀬原前掲書 (二〇〇九年) 一六四～一六六頁
(18) オーラー前掲書 (二〇〇四年) 二二〇頁
(19) 瀬原前掲書 (一九八八年) 四七四頁
(20) 関口存男「解説」(『関口存男生誕100周年記念著作集』翻訳・創作篇2、J・J・C・v・グリンメルスハオゼン著『阿呆物語』上巻 (三修社、一九九四年、原書一九四八年)) 四〇四～四〇九頁
(21) 出村前掲書 (一九八四年) 四一四～四一七頁
(22) 森田前掲書 (一九九九年) 六三頁
(23) 阿部謹也『阿部謹也著作集』第二巻 (筑摩書房、一九九九年) 一〇頁
(24) 出村彰「解題」(出村彰・南 純・石引正志・森田安一共訳『宗教改革著作集』六巻 (教文館、一九八六年)) 四二二頁
(25) 阿部謹也『阿部謹也著作集』第三巻 (筑摩書房、二〇〇〇年) 三五八頁
(26) 波田節夫「解説 永遠のユダヤ人」(ゲーテ著、松本道介ほか訳『ゲーテ全集2』(潮出版社、一九八九年)) 五一一～五一三頁
(27) 阿部前掲書 (一九九九年) 一二～三二頁
(28) 阿部前掲書 (一九九九年) 一四七～一五四頁
ハリントン・ジョエル・F著、日暮雅通訳『死刑執行人 残された日記と、その真相』(柏書房、二〇一四年) 一三～二二、一九一～一九二、三〇一～三〇四頁
(29) 森田前掲書 (一九九九年) 六八～七一頁

第六章　遍歴・放浪する芸人・楽士

修道院長の嘆きと聖職者たちの非難

アルザスのホッヘンブルク修道院は、帝国の時代を通して巡礼地としてよく知られていた。伝説によれば、この修道院は第一章でみたように、七世紀に生来の盲人であったアルザス公爵の娘オディールが洗礼を受けて光を取り戻し、ホッヘンブルクに女子修道院を創設したのに始まると伝えられている。一一七六年、ヘラード・ドゥ・ランツベルクが院長となり、皇帝の援助も受けて修道院の最盛期をもたらした。

このホッヘンブルク修道院のような人気のある巡礼地には、教会の祝祭に多くの信者や巡礼者が押し寄せる。また遍歴する芸人にとっても、多様な芸を披露して人びとを楽しませ、生活の糧を得る生業の場であった。しかしヘラード院長は教会で催される宗教劇について、キリスト教典礼を侮辱するとして、大要、次のように非難した。

宗教劇ではヘロデ王の残虐、聖母マリアの産褥、イエスの誕生を上演することで信仰を強化し、異教徒を改宗させる。その一方で、道化師や楽師が演じる卑猥な冗談や芝居により、教会の聖なる場所が神聖さを奪われている。

ヘラード院長は宗教劇上演の有用性を認めながらも、教会がはめをはずして騒ぐ場に成り下がったと判断し嘆いたのである。宗教劇ではイエス・キリストの誕生、受難、復活が分かりやすく演じられ、天地創造に始まる歴史を解き明かす。ほとんどの人が文字の読み書きができなかった時代に、教会で催される宗教劇は聖書を理解するのに役立ち、教育上有効でまた重要な伝達媒体であった。さらに教会の広場や路上では、祝祭に芸人たちが聖人伝説の奇跡にまつわる奇跡劇や神秘劇を演じた。しかし一方で、彼らが持ちこむ音楽を伴う道化芝居によって卑俗性が色濃くなり、本来の宗教性を時とともに失っていった(1)。ヘラード院長の嘆きは、芸人たちが披露する猥雑だが官能的な音楽やダンスが世俗の民衆にとって非常に魅力的で人気を集めたことを物語っていよう。

そのころ、パリの神学者ペトルス・カントル（一一二五〜九七年）は「旅芸人への贈り物に抗して」と題し、遍歴するあらゆる芸人を断罪した。不道徳なならず者で救いようのない罪人だと非難し、後代の人びとの旅芸人に対する観念や価値判断に決定的な影響を与えた[2]。またフランシスコ会修道士レーゲンスブルクのベルトルト（?～一二七二年）は、教会の最も下の十番目の席は、神に背き、救済の望みのない者の席だと説教した。その席にすわるのは信用のおけない職業の軽業師、ヴァイオリン弾き、太鼓たたきなどの芸人であり、名誉より金を求め、罪と恥辱のために人生を捧げる悪魔の同類だと結論付けている[3]。なかにはアッシジのフランシスコ会士たちのように、説教と楽師の器楽伴奏付きの歌を融合させた例などもみられたが、キリスト教聖職者たちの芸人への非難は、複雑で矛盾にみちながらも一貫して中世を通じて引き継がれた[4]。

賤民とされた芸人

中世のキリスト教聖職者たちによって、死後の救済の望みのない者とされ宗教的に低い立場におかれた芸人は、法的にはどのように位置づけられていたのだろう。地域差は見られるが、一二二〇年代にレプゴウ（一一八〇年頃～一二三〇年以後）が著作・編纂し、後代まで影響を及ぼした法書『ザクセンシュピーゲル』によれば、「決闘人および彼らの子、遊芸人、庶出子、犯罪者などはいずれも権利を欠く」と規定され、芸人は法的権利を認められていなかった[5]。

阿部謹也が明らかにしたところでは、古くは名誉をもたないことと権利をもたないことはほとんど同義であった。『ザクセンシュピーゲル』の注解によると、権利喪失には①裁判能力をもたない、②財産処分能力をもたない、③生命・財産に対する権利をもたない、すなわち法の保護を奪われていることの三段階があった。通常、名誉をもたない人びとは一段階目の裁判能力をもたないとされ、これは自己の権利を自ら守ることができないことを意味したという。中世の名誉ある人びとは貴族、聖職者、市民、農民とそれぞれの身分に分かれ、その身分内部は各種の社会集団に分かれて共同体として組織されていた。身分制社会の中で、これらの序列外におかれ、また共同体から排除された人びとが、名誉をもたない、すなわち賤民とされた[6]。

またダンケルト（Werner Danckert）は一九六三年『不誠実な人びと』（*Unehrliche Leute*）を著し、賤視の根源となる要素を、①死・彼岸・死者供養、②生・性・豊饒、③動物、④地・火・水の四種に分類した。このうち④にかかわる法的権利を持たない賤民として、芸人に英雄叙事詩歌人と奇譚歌人を含め、乞食・乞食代官、放浪者とともにあげている[7]。

しかし、王侯の宮廷に仕え出入りした芸人は旅行に際して与えられた特許状を携えて

『ザクセンシュピーゲル』の適用を受けず、法的差別を免れていた。[8] またハルトゥングは、法的権利のない芸人は別の法的原理によって守られていたと主張する。それは教会法と、王または領邦君主の布告する国内平和令である。そして『ザクセンシュピーゲル』やのちの注釈に関して、芸人だからといって身分上泥棒や強盗の仲間でないこと、芸人が犯罪者と同一視されないことを確認している点に注目している。[9]

芸人とは何か——十六世紀の変容

それでは、芸人とよばれるのはどのような人びとだったのだろう。通常芸人といえば、王侯の宮廷や高位の聖職者に抱えられたり引き立てられて出入りする芸人から遍歴・放浪する芸人まで、出自や芸域、技量も異なる多彩で広範な人びとを包括している。バッハフィッシャーによれば、『ザクセンシュピーゲル』の傍注では娯楽を提供する者全体を芸人としてとらえており、太鼓たたき、歌うたい、軽業師、手品師などを例に挙げている。それが一五六三年成立のライプツィヒの『ザクセンシュピーゲル』の傍注では、「芸人にはヴァイオリン弾きやリュート弾き、曲芸師、手品師を含むが、正当な音楽に基づいて芸術的な弦楽器などを演奏する者は芸人には含まれない」としている。そして「芸人とは曲芸師や手回しオルガン、ツインバロムを首から下げ、放浪しながら食事の席で犬とともにダンスを踊る輩を指す」とされたのである。十六世紀にあらわれたこの変化について、バッハフィッシャーは、芸人の中で都市に定住して継続して雇われ、芸術的音楽を演奏して敬意に値すると認められた者と、遍歴・放浪しながら芸を披露する者とを法的に区別する必要が生じ、芸人に対する新しい社会的評価があらわれたことを示すととらえた。[10]

十六世紀の都市の繁栄が芸人の変容をもたらしたのである。音楽演奏の需要が拡大すると、芸人の都市での就業機会が増えて定住化が進み、集団を組織して芸の専門家、芸人の階層分化を招くようになる。芸人のなかで宮廷社会の音楽演奏者となってすでに社会的地位を高めていた者についで、兄弟団を結成して宗教的権威と結び付き脱賤民化をはかる者、また管楽器奏者のうち、塔の番人や夜警、のちの楽師職など都市の公職に従事し市民として生きる者も現れる。チューリヒのヴァイオリン横町には芸人たちが集住していたが、[11]最下層には依然として放浪を余儀なくされる乞食楽士が存在した。人びとの同情や喜捨に頼るほかない彼らの多くは盲人や老人、障碍者であった。[12]

チューリヒの楽師王国と楽師・放浪者の王

十五世紀に放浪芸人が組織した兄弟団のひとつに、ザンクトガレン近郊のウツナッハで結成された「放浪者、フィドル弾き、笛吹き」の兄弟団がある。一四〇七年の寄付行為書には、後援者のトッゲンブルク伯爵の押印があり、毎年の集会場所としていた聖十字架教会の庇護を受けようとしていた。この兄弟団の規約は年に一度、死者をしのぶ集会を開くことを定めており、放浪芸人も神による救済を要求する権利をもつことを聖職者に納得させるため、道徳的で実直な生活を送ることを義務としていた(13)。

さらに上尾信也は、チューリヒの楽師と放浪者の支配に関して次のような楽師王国と楽師王の例を紹介している。一四三〇年三月二十九日付けの「レーエン付与状」によれば、チューリヒ市はブレムガルテンのフィドル弾き、ウルマン・マイヤーを楽師王として認め、その裁判権と領域内のいわゆる楽師王国を授けた。すでにチューリヒ市参事会は一四二九年にマイヤーを楽師王に選んでいる。そして、市が承認した「慈愛の聖母」兄弟団を通じて楽師王国を団結させ、市長や市に忠誠と服従を誓い、あらゆるときに必要とされるすべての事柄をなすようマイヤーに公的に要求している。また、前にふれたウツナッハの兄弟団も後ろ盾であったトッゲンブルク家最後の伯爵の死後、このマイヤーを楽師王とする王国の傘下におかれた。

このチューリヒの例で注目されるのは、放浪者も都市チューリヒの支配・統制の対象となり、楽師王が放浪者の王ともみなされていたことである。上尾によれば、楽師王はその領域である王国における楽師・放浪者の芸能営業に関するすべての監督権と、彼らの収入などに関しての裁量権をもつとされていた。これはチューリヒが楽師王の任命権を掌握した上で、領域内の楽師・放浪者支配を意図して楽師の有力者に楽師王の称号を授け、集団の意思を統括する役割を与えて間接的に支配・統制したものと考えられよう。

ライン川に臨む都市ケルンに例をとれば、一四三七年は飢饉の年であった。その年に市参事会は市内に流入する乞食に対処する規約を定め、男女を問わず働く気のないよそ者、浮浪者、放浪者などに対し、一週間以内に仕事につかぬ者を市外追放すると布告した。[14] そして、一四八九年の旱魃《かんばつ》・凶作は多くの農民に決定的危機をもたらす。度重なる戦乱や略奪で農地や家を失った無力な貧者の群れは、ライン川沿いの諸都市にあふれてさすらった。スイスの村々はおびやかされるのをおそれて入り口を閉ざす。[15] 都市を目ざして流れこむ浮浪者に対処して、チューリヒ市当局は一四八二年に少なくとも七五〇人の浮浪者を捕えている。[16]

『放浪者の書』にみるリュートを弾く盲目の乞食

「中世ヨーロッパは鎖を解かれたような乞食の大波をほとんど食い止めることができなかった。それどころかキリスト教的憐みの倫理や乞食僧など、ある点ではそれを助長さえしていた」。このダンケルトのことばのように、シュトラースブルクやバーゼル、ベルンなどライン川沿いの諸都市では、大波のように押し寄せる乞食の被害を免れるよう互いに協力した。

一五〇九〜一一年にかけて『放浪者の書』(*Liber vagatorum* 初版名『放浪者の書――乞食の群れ』)が出版された。この書の著者は今のところ不明であるが、印刷者についてはライン川に近いプフォルツハイムのトーマス・アンスヘルム・フォン・バーデンであることが明らかにされている。ベーンケの解説によれば、『放浪者の書』の典拠のひとつに『バーゼルの詐欺』があげられる。これは一四三〇〜四〇年にかけてスイス北西部、バーゼル市の書記が市の公文書に記入した「詐欺師リスト」で現存しており、そのほとんどすべての内容が『放浪者の書』にくり返されているという[17]。

中世後期には、バーゼル市郊外のコーレンベルクにかなりの規模の乞食の集落が形成され、乞食や身体障碍者たちの避難所となっていた。元々は一〇八〇年に造られた古い市壁の外側にあったが、十四世紀末頃、市門の中に移った。当初は乞食の住居しかなかったが、次第に増大してゆく。この貧民街には刑吏や獄卒、墓掘り人夫、袋かつぎ人夫などの賤民たちが定住していたが、よそ者の乞食たちも住みつく。コーレンベルクは市民権がないゆえに「保護と監視から自由」な人びとの居住地となっていった[18]。

バーゼル市など都市の担当者は、詐欺師や放浪者の手口について、もっている情報・知識を取り交わして注意を促し、互いに助け合った。『放浪者の書』は三部に分かれ、第一部は乞食からにせ説教師まで二十八タイプの乞食と放浪者が人を欺《あざむ》きだますあらゆる手口について述べている。障碍者や遍歴学生、それににせ者の修道士、神父、産婦や妊婦、贖罪者、貴族などをあげている。第二部はその手口についての注釈、第三部は隠語についての報告である。そこで本稿の関心にしたがい、第一部の盲目の乞食に注目し、その説明を要約して示しておこう。

まず生来の盲目の乞食は、巡礼しながら盲人のかぶる頭巾を貰い集め、それを売る。悪事を働き罰として目をつぶされた乞食は絵を描いた板をもち歩き、教会の前で巡礼した聖地や奇跡の話を語るが、みなうそ偽りである。生来ではない盲目の乞食は血で染めた綿を目にあてて身の上を語り、盲目を売り物にする。これら三タイプの乞食に対して『放浪者の書』の著者は施すべきかどうかを見きわめ、よく知った者にだけ恵むよう忠告している。とりわけ興味深いのは、次のようなにせ説教師の手口である。

このての乞食は盲目で、教会前でいすにのってリュートを奏で、その伴奏で行ったこともない遠くの国々の歌をうたう。うたい終わると盲目になったいわれ因縁を語り出すが、それはうその話である。

ここで思い起こされるのは、第六章の冒頭で取り上げた『ヴェルナー・ショードラーのスイス年代記』にみる「犬にひかれて歩む盲目の乞食楽士の絵」であろう。ショードラーのテキストに画家が添えたエッツェル山をゆく盲目の乞食楽士の姿と、バーゼル市の書記が記録した「詐欺師リスト」、それを繰り返した『放浪者の書』が描くにせ説教師の姿とは重なる部分が多いように思われる。これらはわずかな例にすぎないが、十五世紀から十六世紀にかけてのリュートを手にした盲目の乞食の姿を伝えているのは確かである。彼らはリュートを弾きながらどのような歌をうたい、どのような物語を語っていたのだろう。

このように、スイスで見出され具体的に表された盲目の乞食の姿は、同時代の遠く日本で琵琶を弾きながら歌い語った琵琶法師や盲僧の姿を彷彿《ほうふつ》とさせ、目の当たりにみる思いがする。ここで注目すべきは、双方が手にしていた楽器である。
スイスの盲目の楽士やにせ説教師が手にしたリュートと、日本の琵琶法師や盲僧が手にした琵琶とは、ともに古代ペルシアのバルバットを淵源としており、それぞれが東方と西方に分かれて伝播したものであることが知られている。そこで東と西の盲人が携えた琵琶とリュートの系譜について、その流れを辿るのも意味あることであろう。まずはこれまで明らかにされた日本と朝鮮半島の場合について、伝来の経路を概観することにしよう。

注

（1）バッハフィッシャー・マルギット著、森貴史・北原博・濱中春共訳『中世ヨーロッパ放浪芸人の文化史——しいたげられし楽師たち——』（明石書店、二〇〇六年）一六五〜一六八頁
（2）ハルトゥング・ヴォルフガング著、井本晌二・鈴木麻衣子共訳『中世の旅芸人——奇術師・詩人・楽士』（法政大学出版局、二〇〇六年）一六六〜一六七、二三二〜二三三頁
（3）バッハフィッシャー前掲書六四〜六六頁
（4）バッハフィッシャー前掲書一四八〜一四九頁
（5）レプゴウ・アイケ・フォン著、久保正幡・石川武・直居淳共訳『ザクセンシュピーゲル・ラント法』（創文社、一九七七年、原書一二二〇年代）八二、九四頁
（6）阿部謹也『阿部謹也著作集』第二巻（筑摩書房、一九九九年）一二〜一五頁
（7）DANCKERT Werner „*Unehrliche Leute. Die verfemten Berufe*"（Francke Verlag, 1963), pp.208-262.

（8）中村賢二郎「中世後期・近代初期ドイツの楽師」（中村賢二郎編『前近代における都市と社会層』（京都大学人文科学研究所、一九八〇年））六〇〜六三頁

（9）ハルトゥング前掲書一八四〜一八五、一九〇〜一九二頁

（10）バッハフィッシャー前掲書七四頁

（11）シューベルト・エルンスト「ドイツ中世都市におけるペテン師・売春婦・無頼の徒」（コルト・メクゼーパー、エリーザベト・シュラウト共編、瀬原義生監訳、赤阪俊一・佐藤専次共訳『ドイツ中世の日常生活　騎士・農民・都市民』（刀水書房、一九九五年））一二四頁

（12）バッハフィッシャー前掲書七八頁

（13）上尾信也『楽師論序説――中世後期のヨーロッパにおける職業音楽家の社会的地位――』（国際基督教大学比較文化研究会、一九九五年）二六〜二八、五三〜五四、七四、一〇六〜一〇七頁

バッハフィッシャー前掲書一五九〜一六〇頁

ハルトゥング前掲書三四九頁

（14）イルジーグラー・フランツ、ラゾッタ・アルノルト共著、藤代幸一訳『中世のアウトサイダー』新装版（白水社、二〇〇五年）三三頁

（15）ヨハンスマイアー・ロルフ「貧者への恐れ　上ラインの貧者の群れ」（H・ベーンケ、R・ヨハンスマイアー共編、永野藤夫訳『放浪者の書　博打うち・娼婦・ペテン師』（平凡社、一九八九年））一八〜二三頁

（16）シューベルト前掲書一二六頁

（17）ベーンケ・ハイナー「流浪者追放『放浪者の書』の歴史」（H・ベーンケ、R・ヨハンスマイアー共編、永野藤夫訳『放浪者の書　博打うち・娼婦・ペテン師』（平凡社、一九八九年））

七五～七六、八一、八四、一一八～一四〇頁

（18）イルジーグラー前掲書四九頁

DANCKERT, ibcd., P.209.

第七章　琵琶の系譜、リュートの道

琵琶の系譜

四絃琵琶の道――楽琵琶の場合

奈良時代初め頃、唐から日本に伝来した楽器が正倉院に保存されている。そのなかに四絃曲頸《きょくけい》、五絃直頸《ちょくけい》、および阮咸《げんかん》の三種類の琵琶がある。そしてこれらの琵琶の起源が西域に求められることはよく知られている。

一九九一年秋、奈良国立博物館で開かれた正倉院展でまのあたりにみたのは「螺鈿《らでん》紫檀五絃琵琶」と「紫檀槽四絃琵琶」であった。何よりもまず「螺鈿紫檀五絃琵琶」のまっすぐに伸びた直頸の形の美しさと、精好な螺鈿の装飾にだれもが息をのむことだろう。撥うけの上方にはナツメヤシとみられる熱帯樹、下方にはふたつこぶの駱駝《らくだ》にのって琵琶を弾く胡人《こじん》の姿が螺鈿で描かれている。これは琵琶は馬上で弾《だん》じるという古伝を意匠化したものとされている。

もうひとつの「紫檀槽四絃琵琶」は正倉院に伝わる四絃琵琶のうち、もっとも簡素な作りだといわれているが、それだけに琵琶そのものの形の美しさが目をひく。正倉院に現存する楽器には以上の五絃と四絃の琵琶のほかに「螺鈿紫檀阮咸」一面がある。そのなかで今日まで伝承されているのは四絃琵琶だけである。だが、その外形は原型そのままに伝えられたが、内部の構造は工夫・改良が重ねられて全く日本化されている。四絃曲頸琵琶は雅楽とともに管絃合奏用の楽器として移入された。

承和六年（八三九）、遣唐使准判官に任じられた藤原貞敏（八〇七～六七年）は廉承武から琵琶の三秘曲を伝授されて帰国した。「琵琶血脈」では「始伝琵琶於本朝」とし、貞敏を琵琶楽の祖としている。宮廷や貴族の間に普及した琵琶は琴と合奏する形で十世紀にかけて盛んになり、山上伊豆母によれば、延喜・延長年間（九〇一～三〇年）に最盛期をむかえた（「『ことのかたりごと』の系譜——琴と琵琶」『文学』一九六二年八月）。

〔※〕宮内庁書陵部は二十日（引用者注：二〇一三年六月二十日）、平安時代に作成された琵琶の楽譜の補修作業を完了したと発表した。楽譜は藍や紫などに染められた和紙に書かれ、金銀箔の粉などで装飾されている。書陵部は「平安時代の琵琶の曲目や演奏技術、当時の王朝人の美意識を研究する上で貴重な資料」としている。補修が終わったのは楽譜のみの「琵琶諸調子譜」五十九枚と、楽譜のほかに序文や後書きも記されている「琵琶譜」二十五枚。九世紀前半に遣唐使に加わり、唐で琵琶を習得した藤原貞敏が日本に伝えた楽譜を、十世紀に清和天皇の皇子、貞保親王が編集。平安時代中期の十一世紀ごろ、皇室か上級貴族の発意で書写されたとみられる。

（二〇一三年六月二十一日付「日本経済新聞」）。

琵琶の三秘曲伝受は真言の三部灌頂《かんじょう》にならって灌頂と称され（「琵琶灌頂次第」）、厳密な形式をもつ相伝の秘儀として重視された。興味深いのは、琵琶伝受に先立って妙音天（弁財天）への拝礼を行うことである。よく知られているように、妙音天はインド神話の河の女神、ヴィーナをもつサラスヴァティが起源とされ、音楽神の一面をもっている。仏教に取り入れられると妙音天の尊像は琵琶を弾く天女の姿となり、平安時代後期頃から管絃を専らとする家で音曲芸能の守護神として尊崇されてきた。たとえば音曲全般に長じた藤原師長《もろなが》（一一三八～九二年）は琵琶と箏《そう》の奥義を極め、琵琶譜「三五要録《さんごようろく》」を著し、妙音天を篤く信仰した。

また歴代の天皇にとって、管絃は学問や和歌とともに習得すべき帝王学のひとつとして認識されていた。秘曲伝受にかなり積極的であった後醍醐天皇のように、琵琶を愛好した天皇も少なくない。このような管絃をはじめとする宮廷・貴族文化は鎌倉幕府周辺の武家社会にも受け入れられ、琵琶に対して関心を寄せた武士の例もあらわれる。『文机談《ぶんきだん》』にはすでに乾克己が指摘したように(『中世歌謡の世界』一九九二年)、西流琵琶の系統をひくと思われる和泉局が、関東で検非違使《けびいし》・評定衆ら三人に琵琶の秘曲を伝えたことが記されている。

ところで、よく知られている謡曲に「経政」がある。これは幼くして御室の仁和寺に童形として仕え、一の谷の合戦で戦死した平経正(?〜一一八四年)を素材としたものである。経正は生前、唐伝来で仁和寺所蔵の琵琶の名器「青山」を下賜され愛用したことが伝えられている。「経政」では、彼の菩提を弔うため、「青山」を仏前にすえて管絃講を営むと経政の霊が現れ、修羅の苦しみを訴える。「今も引かかる心ゆえ、聞きしに似たる撥音の、これぞまさしく、妙音の誓いなるべし」とあって、「青山」への妄執を残して迷う経政にとり、琵琶の音が衆生を救う妙音天の請願を示す妙音となるとされている。また、「同じく糸竹の、声も仏事をなし添えて」とあり、ここには管絃の妙音や音声に浄土往生の道を開く効用のあることが示されている。

「りやら」めく音への憧れ

さて、当時の人々が憧憬してやまない琵琶の妙音とはどのようなものだったのだろう。

承久二年（一二二〇）、後鳥羽院御所での琵琶合の記録には、十三番に合わせた琵琶二十六器の銘や由来をあげているが、そのなかの音の記述に注目したい。たとえば「末濃《すそご》」については「音色最健、四絃一声似裂帛」、「井手」については「其音甚烈、嘈々如急雨」とあって白居易の「琵琶行」をひいている。「小琵琶」は「殊にうつくし」「したたかなる所もあり」とするが、上東門院（藤原彰子）の琵琶とあることからみて女性用の小型琵琶であろう。そのほか「ゆへゆへしき」「いかいかしき」「いさきよくもろし」など、音の感覚的特性を多様に表現している。とりわけ「玄象《げんじょう》」「牧馬《ぼくば》」を琵琶の至極とし二霊物と称するのは、その「りやら」めく音に依拠しており、その姿を「銀瓶閉破水漿迸」と形容している。この「りやら」とは佩玉《はいぎょく》などが鳴る音に由来したさわやかな音をさすと考えられる。

これらの琵琶がすぐれて名器とされるのは、人々が琵琶やその音を神仏や陰陽思想との関係においてとらえ、そこに象徴的意味をみてとったからにほかならない。密教では三摩《さんま》耶形《やぎょう》（仏の誓願をあらわすしるしとして持つ）の琵琶を弁財天そのものに観想する。そして三尺五寸の長さは天地人と陰陽としてあらわされ、「人間の妙曲」が「天女の伎楽」と感応して一体化することをひたすら切望したものである。(1)

このように、琵琶の「りやら」めく音に価値を見出そうとする日本人の鋭敏な感性や独特の美意識は、雅楽琵琶を琵琶法師が手にするようになって平家琵琶や盲僧琵琶を生む。さらに盲僧琵琶を土壌に、薩摩琵琶や筑前琵琶の洗練された近代琵琶が作り出されたのである。

日本の琵琶のルーツ

これまで琵琶のルーツと日本伝来の歴史については、国内外において文献・考古学資料に基づく多くの研究成果が積み重ねられてきた。そのなかで岸辺成雄は『琵琶の淵源』を著して、正倉院の琵琶の淵源を四絃曲頸琵琶は西アジアに、そして五絃直頸琵琶はインドにそれぞれ求め、阮咸については中国起源のものと論断した。そのほかにも瀧遼一、林謙三の注目すべき成果があるが、この章では、主に岸辺の詳細な研究成果を拠り所に日本の琵琶のルーツを求めてさかのぼり、どのような経路を辿って日本に伝来したか、概観することにしよう。

四絃曲頸琵琶

杜佑《とゆう》の撰になる『通典《つてん》』（八〇一年成立）には、中国唐代の琵琶とよばれるものに曲頂（曲頸）琵琶、五絃琵琶、阮咸（秦琵琶）の三種があり、なかでも曲頸琵琶について「本出胡中、俗伝是漢制」とその起源を伝えている。岸辺によれば前漢代（前二世紀）に中国琵琶が西域から流入したという。西域（新疆ウィグル自治区）の美術資料（三〜七世紀）に天山南道沿いのコータン出土のテラコッタや、その北方ピアルマの土瓶の装飾面に、中国琵琶に最も近い四絃曲頸琵琶が彫られている。また天山北道では、亀茲《きじ》を中心にしたトカラ文化の壁画資料（四〜八世紀）のなかに四絃、五絃、阮咸型の琵琶が発見されている。

中央アジアからインドへの交通の要衝、パキスタン北部のペシャワール周辺地域は一世紀から二世紀を中心に、西方のギリシア・ローマなどの文化と融合し、独自の仏教美術が栄えた。寺院を荘厳するガンダーラ彫刻には二種の琵琶系リュートがみられる（以下、リュートの語を併用）。そのうちのひとつ、梨型で四絃曲頸のリュートは、奏法や覆手《ふくじゅ》の位置などの特徴が中国や西域の琵琶に近い。

そしてこの琵琶系リュートはさらに西アジアに至り、ササン朝ペルシア（三〜七世紀）の銀皿にみるリュートと共通する特徴をそなえていることが明らかになっている。それに加え、このササン朝リュートは六世紀から七世紀にかけてバルバット（barbat または

barbud）とよばれたが、その名称の起源はより古い。岸辺によれば、バルバットの語源は梵語のbharbhu（絃を強く掻く）、あるいはこれに近い原始インドアリアン語から発し、紀元前後にギリシアでbarbitonとなり、ペルシアにおいてbarbatとなったという。そしてこのバルバットまたはそれに近い語が四絃曲頸の梨型リュートとともに中国に渡ってbiba（枇杷、晋以後琵琶）となった可能性が高い。

以上のように、前漢代に現れた胡楽器の琵琶は唐代には完成され、中国特有の俗楽器とみなされるほど広く普及し、音楽の中心的地位を占めるようになった。そして奈良時代の日本に移入され、今日、正倉院御物の琵琶として人びとを魅了している。

五絃直頸琵琶

五絃琵琶は前にみた四絃琵琶と異なり直頸で、三種の琵琶のうち最も遅く中国にあらわれた。『通典』には「蓋北国所出」とあって、西域伝来の楽器と伝えている。西方のリュート類のうち、棒状直頸の特色をもつのはインドの場合である。この五絃リュートは一七〇年頃の中部インドの仏跡アムラーヴァチの彫刻、アジャンタの壁画（三〇〇～七五〇年）に出現する。さらにジャワのボロブドゥール寺の彫刻（七～九世紀）などにも棒状直頸五絃のリュートが描かれており、これらはインドから入ったものと考えられている。

インドの五絃リュートは天山北道（五〜八世紀）を経て亀茲に入った。亀茲で発見された壁画にみる五絃リュートは、中国の五絃琵琶と類似している。この亀茲の五絃琵琶は西域楽の流行に伴い北魏時代（六世紀）に中国に輸入され、北斉時代から西域（胡）楽の代表楽器として流行したが、宋代以後、急に衰滅した。したがって正倉院に現存する「螺鈿紫檀五絃琵琶」が唯一、最古の現物として重要なのはいうまでもない。

阮咸（秦琵琶）

阮咸の起源について『通典』は「疑是絃鼗之遺制」と記している。中国古来の雅楽器「絃鼗」（フリツヅミ）に西域伝来の四絃琵琶を取り入れたものとされている。「絃鼗」は四絃で扁平な円胴と長い棹をそなえた中国固有の楽器で、秦琵琶とよばれた。のちに秦琵琶は秦漢子ともよばれ、唐初以後、阮咸の名が与えられた。これは晋代の「竹林の七賢」のひとり、阮咸が愛用し、名手であったことに因んだものだという。宋代以後、阮咸から棹の短い月琴が生まれ、歌曲の伴奏、合奏など、明・清楽の楽器として用いられていた。近世に日本に伝来したが、幕末に衰滅、今では長崎でわずかに伝承されている。(2)

朝鮮半島の琵琶

新羅の琵琶居士

新羅文武王（六六一～八一年）の庶弟である車得公は、家宰の職につく前に「著緇衣把琵琶為居士形」となって国内各地を微行したことが『三国遺事』（巻二、文虎王法敏）に記されている。この車得公の説話は一例にすぎないが、当時の新羅社会に琵琶を手にし黒い僧依を着た居士を生み出す風土がすでに培われていたことがうかがわれる。この場合の居士とは、さまざまな名でよばれる僧侶や寺衆以外の在家の男子で、仏教に帰依した仏弟子を指している。彼らは香徒、縁化輩などとともに、民衆教化の一翼を担って仏教説話を語り伝えた。その点で日本の琵琶法師との関連性が指摘されている(3)。

それでは、車得公が手にした琵琶とはどのようなものだったのだろう。というのは、韓国には郷琵琶、唐琵琶、阮咸（月琴）の三種類が伝えられているからだ。朝鮮王朝時代初期に完成した『楽学軌範』には、中国伝来の唐楽の楽器として月琴と唐琵琶が、韓国固有の郷楽の楽器として郷琵琶があげられている。このうち阮咸は四絃直頸で、すでに高句麗のいくつかの古墳に見出される。たとえば四世紀から五世紀頃とみられる安岳古墳後室の舞楽図には、西域系の踊りとともに阮咸などの楽器が描かれている。次に郷琵琶と唐琵琶がどのような経路で伝来したか、みてゆくことにしよう。

郷琵琶 —— 五絃直頸

張師勛によれば、郷琵琶は五絃直頸であることから、単に五絃と略称され、すでに高句麗に伝来していたという(『随書』音楽志下)。隋の九部伎のなかで西涼《せいりょう》、亀茲、疎勒《そろく》、康《こう》国《こく》、安国《あんこく》、天竺などの西域系楽につかわれていたことから、郷琵琶が西域系楽器であるのは確かで、おそらく亀茲の五絃琵琶であろうといわれている。したがって五絃琵琶は西域から高句麗へ、高句麗から新羅に伝わったもので、新羅において唐琵琶と区別するために郷琵琶とよばれたと考えられている。

高麗時代には音楽を管理下におく監督管署が音楽教育をあわせて行っていた。文宗三十年(一〇七六)大楽管絃房で指導する楽師たちのなかに、琵琶業師、郷琵琶業師、唐琵琶業師の名がみられる(『高麗史』巻八十、食貨志)。こうして郷琵琶は朝鮮王朝時代初期まで、歌舞の伴奏に用いられてきた。一九三〇年代まで玄琴奏法によって郷琵琶を演奏していたが、現在は演奏法を失い用いられていない。

唐琵琶 —— 四絃曲頸

新羅時代の遺跡には、唐や西域系の楽器を描いたものが発見されている。神文王二年(六八二)完成とされる感恩寺遺趾から発掘された塔形基壇上や、聞慶鳳岩寺の智證大師寂照塔身などに曲頸の琵琶がみられる。これらは唐琵琶と考えられることから、新羅統一時代前後に新羅に伝来したとされている。唐琵琶は高麗時代を通して主に唐楽にだけ用いられてきた。朝鮮王朝時代に入ると郷楽曲も唐琵琶で弾かれるようになり、世宗代の御前礼宴の郷楽演奏には唐琵琶も編成されている。朝鮮王朝中期以後、唐楽は郷楽化されて衰退し、現在では唐琵琶は楽器だけが残っている(4)。

管絃盲人制度

朝鮮王朝時代に設けられた制度のひとつに管絃盲人制度がある。管絃盲人とは、慣習都監に所属し宮中の内進宴で管絃合奏や歌舞の伴奏を受け持つ官籍の盲人のことである。林安秀によれば、彼らは唐楽と郷楽に分けられ、笛などの管楽器や琵琶、玄琴などの絃楽器を担当した。この制度が始まったのは世宗代(一四一九~五〇年)初めである。女性だけの宮中内宴に晴眼の楽工は入れなかったため、妓生たちが管絃に熟達するまでの臨時措置として設けられた(『世宗実録』巻一一六、世宗二十九年)。

世宗六年（一四二四）、玄琴や琵琶の演奏で生計をたてていた盲人たちが国喪による音楽停止で困窮したため、王が米を下賜した例がある。民間では占卜のみならず音楽演奏で生計をたてる盲人も多くあった。そうした盲人のなかから選んで管絃盲人として登用し、音楽教育を行ったのであろう。

世宗二十九年（一四四七）に管絃盲人制度廃止が論議されたが、妓生たちの長時間の管楽器演奏は困難との理由で廃止されなかった。英祖二十年（一七四四）の「英祖甲子進宴儀軌」には十三名の管絃盲人の名があげられており、そのうち二名が琵琶を担当している。その後、管絃盲人制度は国の財政事情などから中断することもあったが、朝鮮王朝末の高宗代（一八六四〜九五年）まで存続した。その間、管絃盲人に関わる職員らは、官籍にあるため窮乏生活を強いられた彼らの待遇改善につとめたが、瞽楽（盲人音楽）の重要性は認められなかった(5)。

ところで、管絃盲人制度にみるような盲人と音楽の結び付きは、古代中国にさかのぼり宮廷においてその例が見出せる。古代中国では盲人楽師が詩歌をうたい、音楽を演奏した。春秋時代以前の王侯周辺には、瞽、瞍、矇、工とよばれる盲人楽師が付き従っていた。彼らは口頭による歴史伝承者であり、また予言者でもあった。詩と音楽を最高の芸術として尊重した孔子は、このような盲人楽師に音楽を学び、敬意をもって接したと『論語』（衛霊公篇）は伝えている。また『周礼』によれば、大司楽管掌のもとに瞽矇とよばれる官職があり、三百名の盲人楽師が上・中・下に分かれて職能集団を構成し、歌唱や楽器の演奏を独占的に担当していた。(6)朝鮮王朝は国政の基本方針を儒教思想におき、中国文化に価値の基準をおこうとした。古代中国の盲人楽師の例と引き合わせて管絃盲人制度を設けた可能性は大いに考えられよう。

「益成」と沈清クッ

成宗二十四年（一四九三）、勅令によって編纂された『楽学軌範《がくがくきはん》』が完成した。撰述者である成俔《せいけん》（一四三九〜一五〇四年）は当時の礼曹判書で、音律によく通じていたことから掌楽院僉正に任じられたこともある。彼は七代の王の治世下で見聞したさまざまな話題を『慵斎叢話《ようさいそうわ》』（巻之一）に書き留めている。そのなかで成俔は、伶人から士庶に至るまで音楽を学ぶにはまず唐琵琶を習うこと、そして習得しがたいという理由から郷琵琶をよく弾きこなすものが少なくなったことを記している。また唐琵琶や盲人たちの演奏について論評を加えており、「益成」という名手が日本に渡って日本で死んだとも伝えている。一方、日本側にはそれを裏付けるような記録は今のところ見出しえないでいる。

ところで長崎県西彼杵半島にある西海町には、次のような伝説が伝えられている。

昔、失明した祖父と娘の静香が住む家があった。静香は蓮の花を売るなどして祖父を養っていた。あるとき港に入った船が人身御供のための娘を探していることを耳にした。その頃、川に落ちた祖父を助けた男から、米十俵と小判十枚を備えて祈禱すれば祖父の目が治ると聞かされる。静香は祖父の目を治すために、自分を人身御供として売り渡すが、祖父の目は開くどころか米と小判もだましとられてしまう。残された祖父は琵琶弾きとなって村を回り静香を探し歩くが、ある日、彼は波打ち際で冷たく横たわっていた。

（『日本伝説大系・北九州編』）

この伝説の中心となるのは、娘の人身御供と孝行の説話とみてよいが、盲人の琵琶弾きというモチーフもまた興味をひくものである。北部九州では琵琶を弾き歩く盲人は身近な存在であった。この静香にまつわる伝説には、結末は異なるが盲人開眼の語り物である説経「松浦長者」や「さよひめ」などと筋の上で重なる部分が見出される。さらに「松浦長者」「さよひめ」は、韓国の語り物のパンソリ「沈清歌」や小説「沈清伝」のモチーフと共通することが明らかになっている。そしてこれらパンソリや小説の成立以前に根源的な説話が存在し、その原拠は古い本解（ポンプリ）「沈清クッ」にあると指摘されている。金賛會によれば、この「沈清クッ」は韓国の東海岸地方に限って伝承されている村祭「別神祭」

のなかで、目の治病と豊漁を祈願して行う儀礼である。そこでは巫女（ムダン）が次のような神の由来譚を吟唱する。

美しい娘沈清は盲目の父のため、人身御供を求める商人に身売りし、印堂水の竜王のいけにえとなるが、神に助けられる。ついに皇后となった沈清は、国中の盲人を集めて父と再会し、父の目も開く。沈清と父の沈盲人は神として祭られるようになった。[7]

先の静香にまつわる伝説は「沈清クッ」に始まる諸伝承の断片ではないかと考えられる。そうだとしたら、だれがそれを持ち運んできたのだろう。盲人の琵琶弾きのモチーフが加えられ、西海町に根を下ろすには、その伝説を語り歩いた者がいたにちがいない。かつて北部九州と朝鮮半島にはそれぞれ豊かな語りの土壌が育まれていた。文献にあらわれなくとも民間レベルでは自在に往還し、交流していたことが口承の世界を通してもうかがうことができよう。

リュートの道

バルバットからウードへ

古代中国の人びとが西域とよんだ中央アジアや西アジアは、古くから多様な言語と民族で構成される地域であった。七世紀以降のイスラム教の浸透はこの地域の音楽文化に大きな影響をもたらした。音楽様式や理論体系を共有し、全体として楽器や演奏形態に共通性がみられるといわれている(8)。

先に、ササン朝ペルシアのリュートがバルバット(バルバド)またはそれに近い語と共に東漸し、晋代以後、琵琶となった可能性が高いことをみてきた。バルバットはアラビアに以前からあった楽器と結び付いて、もうひとつの楽器を生み出した。それがイランやアラブ諸国、トルコなど広い地域で用いられるリュート属の撥絃楽器ウードであると考えられている。

六世紀のササン朝では、ホスロー一世(在位五三一〜七九年)が領土を広げて帝国を安定させ、ゾロアスター教を基礎として文化的にも黄金時代を築いた。七世紀のホスロー二世の宮廷はすぐれた音楽家を抱えていた。八世紀から九世紀にかけてアッバス朝のカリフの宮廷では、イブラヒム・アル＝モウスィリー、イスハーク・アル＝モウスィリー父子や、弟子のズィルヤーブのような職業音楽家が活躍し、ペルシアの古典音楽をはじめギリシア、シリアなど外来文化の影響をうけ高度な音楽文化を発展させた(9)。

九世紀のイスラム世界の哲学者たちは、音と音程についてウードを基盤として音楽理論を展開する。「アラブ人の哲学者」とよばれたアル＝キンディーはウードの四絃と十二宮との関連性など、絃を天体の運行と結びつけて論じた。アル＝ファーラービーは『音楽大全』などの著作で、ウードを理論を導き出す楽器として扱い、人間の声に近い自然な音を多く出せる完全な楽器だと述べている。十世紀に入ると、医学者でもあったイブン・スィーナーは『治癒の書』で音楽を数学の学問だと述べ、広く愛好されていた楽器にバルバトをあげてウードと同じものとして論じている(10)。

ズィルヤーブの伝説——南スペインの橋

九世紀のアラブ音楽家として高く評価されていたズィルヤーブ（アブール・ハサン・アリ・イブン・ナフィ、七八九〜八五七年）に関しては、多くの先学によって四絃のウードを五絃にした人という伝承が取り上げられてきた。この広く知られた伝承の原拠については今のところ見出しえないでいるが、これらの伝承にしたがえば、ズィルヤーブは人間の四臓（または万物の四元素）を意味するとされた四絃のウードに、一絃を加えてカリフのために演奏した。このことでカリフらの喝采を博したものの、師に妬まれ反感をかってバグダードを追われたとされている[11]。

その後、ズィルヤーブはイベリア半島のスペイン南部、アンダルシアを経て、八二二年コルドバに到着し、後ウマイヤ朝の宮廷にむかえられる。コルドバはアッバス朝による革命ののち、七五六年ウマイヤ朝の王子アブドゥ・ル・ラフマーン一世が樹立した西方のイスラム政権の首都であり、成熟したイスラム文化の中心地となっていた。

九世紀中頃、コルドバでは土地のスペイン人たちが先進的で洗練されたアラブ文化に心酔していた。ラインハルト・ドジーによれば、キリスト教徒にしてアラビア語を優雅に話し、アラブ人より巧みにアラビア語の詩をつくれる者が多かったことを司教アルバロが慨嘆したほどであった[12]。ズィルヤーブはこの南スペインで繁栄したアラブ・イスラム王朝にアラブ・ペルシア古典音楽やバグダード宮廷音楽をもたらした。いうまでもなく楽器を携えてのことだ。

アブドゥ・ル・ラフマーン二世はズィルヤーブのためにコルドバに音楽学校をたて、学生たちは歌曲と器楽演奏の理論と実技を学んだ。フンケによれば、この学校では、アラビアの楽器を指板を用いて演奏することを学んでいたが、その指板の上には、音の高さが横桁による正確な計測にしたがって定められていた。この利点により、これらの楽器、特にリュートはヨーロッパ人に広く受け入れられて愛好され、また和声学の方向へ誘うことにもなる[13]。こうして東西のイスラム世界はつながり、橋をわたした南スペインは門戸の役割をはたすようになる。

ルネサンス以前のリュート——トルバドゥールとジョングルール

十一世紀にかけてイスラム教文化圏とキリスト教文化圏は密接な交流がすすんでその文化は入りまじり、両者の関係はますます緊密になっていった。十字軍に加わり先進的なアラビア文化に接した騎士たちによっても南欧の音楽文化は大いに影響をうけることになる。

一〇二〇年、アンダルシア南部、地中海にのぞむマラガでアラブ人の著述家が静養中であった。当地のスペイン人たちは、リュートやタンブールなどを用いたアラビア音楽に熱中していた。彼はその音や歌声のさわがしさに逃げ出したいほど悩まされていたという[14]。

一方、スペイン東北部のバルバストロでは、フランス十字軍の占領（一〇六四年）後、ひとりのユダヤ商人が虐殺をまぬがれたイスラム教徒名士の娘たちを買い戻そうとやってきた話をイブン・ハイヤーン（九八七～一〇七六年）が伝えている。ダヴァンソンによれば、この話は一八四九年、ラインハルト・ドジーが紹介して以来しばしば引用されてきたものである。要約して次に示しておこう。[15]

ユダヤ商人が名士邸にやってくると、騎士の伯爵は二人の娘のうちひとりと結婚していたことから、その申し出をことわった。そして伯爵はもうひとりの娘を呼び片言のアラビア語で「客のためにリュートをとって歌をうたって差しあげよ」というと、娘はリュートを手に絃の調子を合わせるために座った。そのとき商人は娘が涙をながしているのに気付くが、伯爵がそれを素早く拭ってやった。娘は何か詩をうたい出したが商人は理解できず、その間伯爵は酒を飲みながらも上機嫌で聞き入っていた。

この話は、細心の注意が必要な調弦に始まる実際の演奏場面を伝えているが、娘の涙と奏でるリュートの音色が重なり合って誰もが心を動かされるだろう。

さらに興味深いのは、十一世紀末の南フランスのプロヴァンスにトルバドゥールが登場したことである。彼らは詩人兼作曲家で宮廷で活躍する芸術家であった。上尾信也によれば、四六〇人ものトルバドゥールが創作したオック語による二六〇〇ほどの詩歌が現存し、そのうち三百以下に旋律が付されていることが多くの写本とその断片から明らかにされている。[16]詩歌と旋律についてラングの説くところでは、中世の抒情詩はうたわれるためのもので、詩人は音楽家でもあり、詩とメロディーは同時に作られたという。詩の行は音楽のリズムに合わせており、伴奏の音楽が詩の行と節の構造をほとんど決定するので、この二つを分離することは不可能だとしている[17]。したがって創作した詩歌が成り立つには、詩人自身が演奏するのでなければ代わりの演奏者を必要とする。

トルバドゥールの詩歌を楽器の伴奏で語りうたい歩いたのは、その時代にジョングルールと呼ばれた職業的吟遊楽人であり、それは彼らが持ち伝えた多様な芸のひとつであった[18]。トルバドゥールとジョングルールの間ではカテゴリーの混淆《こんこう》は稀ではなかったが、新倉俊一はその役割や機能、社会的身分には相違が存在したことを指摘している[19]。

当時の絵画資料にジョングルールの伴奏楽器が描かれるが、その多くは擦絃楽器ヴィエールまたはフィーデルであった。十三世紀のヴィエールは五絃であり、うち一絃はドローン絃で演奏中に弓で持続低音を弾くのに適していた[20]。

トルバドゥールによる貴婦人への崇敬や讃美をテーマにした貴族的な詩歌は十二世紀に北フランスに伝わり、トルヴェールが創作したオイル語による多くの詩歌と旋律が残されている。これらはやがてイタリアやイングランドの詩風に影響を与えた。十二、十三世紀のさまざまな写本が実証するように、フランスのジョングルールがイタリアに現れ、十三世紀のトスカナ地方には『新生』の作者ダンテをはじめとする清新体派が生み出され、次第に全ヨーロッパに広がっていった[21]。

また、スペインには十三世紀に成立した歌曲集『聖母マリアのカンティガ集』がある。その写本に添えられた、楽器を描いた挿絵のなかにはリュートの図が見出される。この歌曲集はカスティリアのアルフォンソ十世(一二二一〜八四年)が編纂させたもので、この図には右側にリュート、左側にラバーブをひく二人の楽人が描かれている。ペフゲンによれば、このリュートはフレット、複数のロゼッタ、膠《にかわ》付けされたブリッジをもつ複絃の楽器で、スペインでは宗教曲の分野で盛んに使用された[22]。

その後のリュートの形態の変化について、ヴィンターニッツによれば、十五世紀のイタリアのフレスコ画や祭壇画には短い棹と丸い形の小型のリュートが描かれているという。これらが十六世紀に入ると、浅いアーチ状の多数の小片を組み合わせた裏板と、ポリフォニー演奏が容易な幅広の棹をそなえた西洋梨型の完成した形態となった。しかしながら十七世紀にかけてリュートは絃の数がふえ棹幅が広くなって大型化するが、やがて衰退の道を辿ることになる[23]。

ルネサンス時代のリュート

リュートはスペイン以外ではルネサンス直前まで一般的ではなかったが、ルネサンス時代にヨーロッパでもてはやされるようになる。十五世紀末に撥絃楽器のひびきを加えた絃楽合奏が盛んになり、ポリフォニー演奏に適した楽器が重視される。リュートもそのひとつであった。先述のように、チューリヒ大聖堂の扉をかざるレリーフの一枚には、ツヴィングリが弾く初期ルネッサンスのリュートが浮き彫りにされている（図26参照）。

標準型のリュートはフレットが付いた棹と、直角にうしろに折れた糸倉をそなえており、和音、旋律、走句、装飾音、さらに対位法的な楽曲も演奏することができた。リュートは独奏、伴奏、合奏で演奏され、奏法を示すためのタブラチュアとよばれる図式化した特別な記譜法も発達した(24)。

リュートの演奏者や作曲者も数多くあらわれる。イタリアでは一五〇七年にリュート作曲集二巻を出版したフランチェスコ・スピナッキーノにはじまり、フランチェスコ・ダ・ミラーノなど多くの名人が輩出し、一五九〇年頃にリュート音楽は絶頂期をむかえた(25)。また、ペフゲンは十六世紀前半のドイツほど奏法付きのリュートの本が出た国はないと述べ、運指について詳細に書き著したハンス・ユーデンキューニヒのリュート奏法に関する著作（一五二三年）をその最初とみている(26)。印刷方法の効率化によって盛んになった出版は、こうしたリュート音楽の普及に役立った。

ブルゴーニュ・フランドル文化圏の影響下にあって発展し続けるドイツ音楽界で、盲人音楽家も活躍したことを見逃すわけにはいかない。そのなかから、ともに宮廷オルガニストであった著名な二人、ニュルンベルクのコンラート・パウマン(一四一〇～七三年)とハイデルベルクのアルノルト・シュリック(一四六〇年頃～一五二七年以降)について簡単にみておこう。パウマンはドイツ器楽界の重鎮といわれ、オルガン作品のほか、一四五二年頃、演奏の教本『オルガン技法の基礎』を編纂している。それらのなかには教育的、即興的性格をもつものもあり、彼は声楽曲を器楽曲に編曲する手法を示して独立の器楽様式を生み出している[27]。また一五一一年、セバスティアン・フィルドゥングは著作のなかで、パウマンがタブラチュアの発明者であると指摘している[28]。一方、シュリックはオルガン関連のほかに、一五一二年にリュート音楽の膨大な曲集『オルガンとリュートのための作品集』を残している。シュリックのあとには数多くのリュート演奏家や作曲家が続いた[29]。

さらに都市では、リュート音楽を教養や趣味として演奏する愛好者が広がった。それは製作者の高い技術によってリュートがより繊細で美的な和音を出し得るようになったからでもある。初期のリュート製作者の大部分はドイツ人で、その多くはアルプス山地、アルゴイ地方のフュッセン村出身であった。なかでも重要な役割を果たしたのは、ティフェンブルッカーの一族である。ヴェンデリーン・ティフェンブルッカーがベネチアのパドヴァにリュート製作者のため学校を設立して以来、パドヴァのリュートは全ヨーロッパに知られるようになった[30]。

ルネサンス時代に、宮廷を中心に貴族たちの間で人気を博したリュートは、その後庶民に広く普及し、だれもが入手できるような身近な楽器となった。貴族が賞玩する豪華なリュートからシンプルで安価なものまで、さぞかし大量のさまざまなリュートが作られ広く行きわたったことであろう。このようにみてくると、一五一四年に書かれたヴェルナー・ショードラーの『スイス年代記』のなかで、エッツェル山を行く盲目の乞食楽士の背にリュートが描かれたのは稀有なことではなく、大いにありうる光景だったのではないだろうか。

先にふれたように、九世紀に東方から直接スペインにもたらされたウードは、その後楽器リュートとして完成され、十六世紀には全ヨーロッパに普及するにいたった。その間、長い年月を経たので、改良が重ねられ、多くの変種や亜種が派生した。そのため同じリュートがさまざまに呼ばれるなど名称の上でも、また構造や用法の上でも混乱した場合が多く、加えて時代や地域の言語によっても一層複雑化した。それゆえ楽器そのものと名称を対応させて考えることには限界があるとされている。例えば、十八世紀に各地の宮廷でリュート奏者として活躍したバロン（一六九六～一七六〇年）が、著作『楽器リュートにかんする歴史的・理論的・実践的研究』（一七二七年）のなかで「名称の違いから楽器そのものを推論すると大きな間違いをおかすことになる」と指摘したほどであった。[31]
以上、さまざまな物語をはらむ琵琶とリュートの歴史を、自らの解釈に従って垣間見てきた。残された課題も多いが、ここでひとつの区切りをつけることにしたい。

注

（1）永井彰子「音の道――琵琶の場合」（『国文学解釈と教材の研究』三十七巻十四号（学燈社、一九九二年））一〇四～一〇七頁
（2）岸辺成雄「琵琶の淵源――ことに正倉院五絃琵琶について――」（『唐代音楽の歴史的研究』続巻、楽理篇　楽書篇　楽器篇　楽人篇（和泉書院、二〇〇五年、原書一九三六年））三一〇～三六八頁
（3）黄浿江『新羅仏教説話研究』（一志社、一九八六年）二一六、二二〇頁
（4）張師勛著、金忠鉉訳『韓国の伝統音楽』（成甲書房、一九八四年）三五～四〇、四六～五六、二二一、二二五、二三五～二三七頁
張師勛著『韓国楽器大観』（서울大学校出版部、一九九四年）九二～九九、二一八～二一九頁、図版21・28
（5）林安秀『視覚障碍者教育研究』一―一（檀国大学校特殊教育研究所、一九八七年）六五～七五頁
（6）永井彰子「中国にみる盲人文化」（松原孝俊編『韓国言語文化研究』第十七号（九州大学韓国言語文化研究会、二〇〇九年））五七～五八、六一～六二頁

（7）金賛會「本解『沈清クッ』考――説経「松浦長者」とかかわって――」（『説話・伝承学』一号（説話・伝承学会、一九九三年））五四～七七頁
（8）柘植元一「西アジア・中央アジアの音楽芸能」（岩波講座『日本の音楽・アジアの音楽』別巻Ⅱ、手引と資料Ⅱ、一九八九年）一九一～一九三頁
（9）柘植前掲書一九三～一九五頁
（10）新井裕子「中世イスラームの哲学者たちが語る音楽論」（西尾哲夫、堀内正樹、水野信男共編『アラブの音文化　―　グローバル・コミュニケーションへのいざない』（スタイルノート、二〇一〇年））五四～六三頁
（11）蒲田裕子「アラビアの絃楽器『ウード』」（『あるくみるきく』一三五号（近畿日本ツーリスト、一九七八年））三一～三三頁
フンケ・ジクリト著、高尾利数訳『アラビア文化の遺産』新装版（みすず書房、二〇〇三年）三一一～三一八頁
若林忠宏『アラブの風と音楽』（ヤマハミュージックメディア、二〇〇三年）九四～九六頁
若林忠宏『もっと知りたい世界の民族音楽』（東京堂出版、二〇〇四年）一七一～一七三頁
上尾信也『吟遊詩人』（新紀元社、二〇〇六年）一四頁
松田嘉子「アラブ音楽の見取り図――古典音楽」（関口義人編『アラブ・ミュージック――その深遠なる魅力に迫る　―　』（東京堂出版、二〇〇八年））一三～一四頁
（12）前嶋信次「吟遊詩人とアラビア文化――アンダルシアとプロヴァンス――」（芳賀徹・平川祐弘・亀井俊介・小堀桂一郎共編『講座比較文学』六巻　東西文明圏と文学（東京大学出版会、一九七四年））一一九～一二〇頁

(13)フンケ前掲書三一六〜三一七頁
(14)ドウソン・クリストファ著、野口啓祐訳『新版　中世のキリスト教と文化』（新泉社、一九九六年）二二四〜二二五頁
(15)ダヴァンソン・アンリ著、新倉俊一訳『トゥルバドゥール　幻想の愛』（筑摩書房、一九七二年）一七七〜一七九頁
(16)上尾前掲書二一四〜二一七、二四四頁
(17)ラング・P・H著、酒井諄、谷村晃、馬渕卯三郎監訳『西洋文化と音楽』上（音楽之友社、一九八三年）一二九頁
(18)ダヴァンソン前掲書一〇〜一一頁
(19)新倉俊一『ヨーロッパ中世人の世界』（筑摩書房、一九八四年）二八六頁
(20)ラング前掲書一三七、一四一頁
(21)ラング前掲書一四三頁
(22)ペフゲン・ペーター著、田代城治訳『図説ギターの歴史』（現代ギター社、一九九七年）三一〜三二頁、五二頁下右図
ドロンケ・ピーター著、高田康成訳『中世ヨーロッパの歌』（水声社、二〇〇四年）一五六〜一五七頁
(23)ヴィンターニッツ・エマーヌエル著、皆川達夫・礒山雅共訳『楽器の歴史』（PARCO出版、一九八〇年）三三、一二四〜一二六頁
(24)グラウト・ドナルド・ジェイ、パリスカ・クロード・V共著、戸口幸策・津上英輔・寺西基之共訳『新西洋音楽史』上（音楽之友社、二〇〇一年）二七八〜二七九頁

（25）ラング前掲書二九一頁
（26）PÄFFGEN Peter „Laute und Lautenspiel in der ersten Hälfte des 16. Jahrhunderts"(Gustav Bosse Verlag, 1978), pp.136-137.
（27）ラング前掲著二四五頁
（28）ペフゲン前掲著八七頁
（29）ラング前掲著二九六頁
（30）ラング前掲著二八二～二八五頁
（31）バロン・エルンスト・ゴットリープ著、菊池賞訳『リュート——神々の楽器——』（東京コレギウム、二〇〇一年、原書一七二七年）四〇頁

おわりに――一枚の絵に導かれて

永井　彰子

それはまぎれもなく想像力を刺激する一枚の絵だった。五百年前、名も知られぬひとりの盲目の乞食楽士が歩いた現地はどのようなところか知りたくて思い立ったのが、旅の発端である。それまで抱えていたいくつかの疑問を解くというより、むしろ心のおもむくまま巡り歩いて、どう着地するか見当もつかなかった。それでも実際にエッツェル山やアインジーデルンの大地を踏み、チューリヒ湖をわたる風に吹かれて耳を澄ますと、思いがけない発見もあって新鮮な驚きがもたらされる。そしてつまるところ、盲目の乞食楽士につながる歴史を辿る旅となった。

この乞食楽士がたしかに盲目だったかどうかという点については、この絵以外に情報がないため問わないとして、盲目であることを前提にどのようなことが読みとれるだろうか。

まず、乞食楽士と首輪をつけた犬が綱で結ばれ、犬が乞食楽士を先導しているように描かれている。そして兵士が通るエッツェル山の本道ではなく、山の斜面の脇道を歩いているように見える。これは山中をあてもなくさまよっているというより、行くべき道を把握し目的地へ向かっているように見え、また、乞食楽士と犬が親密な関係にあるようにもみてとれる。

産業革命以前のヨーロッパでは狩猟・牧畜業が盛んで、犬は古くから家畜化され品種改良が進んでいた。犬の鋭敏な嗅覚とすぐれた走力は狩猟犬として人びとの生活に大いに貢献し、また、放牧中の羊の群れを見張り誘導する牧羊犬は重要な労働力となった。犬にとって飼い主は忠誠を尽くす絶対的な存在であり、両者の間には心が通い合う関係が築かれたであろう。

では、乞食楽士と犬はどこへ行こうとしていたのだろう。すでにエッツェル山が古チューリヒ戦争の戦場となり兵士たちが行軍したこと、またエッツェル山を通り抜けアインジーデルンへと続く巡礼路の存在も明らかにしてきた。一四六六年のアインジーデルン修道院の天使聖別の祝祭には数多くの信者や巡礼者が集まったことから、この巡礼路がすでに広く知られていた可能性は高い。これらの事実をもとにして推測すると、乞食楽士と犬はエッツェル山を通り抜けアインジーデルンまで往復する道すがらだったのではないだろうか。というのは、多くの人びとが押し寄せる巡礼地は、芸人がその芸で人びとを楽しませることでかなりの稼ぎが期待できる、なりわいの場でもあったからだ。

このようにみてくると、乞食楽士がこの土地に定住して暮らしていたとも考えられるし、名も知られぬ乞食楽士にも仲間がいて、記憶されるべき物語があったかも知れないのだ。こうして盲目の乞食楽士はより近くなってきた。それはこの絵に描かれた兵士たちとて同じだろう。彼らもひとりひとりがその時代を精いっぱい生きていた、かけがえのない存在だったはずである。

先にみたように、ヴァルター・ムシュクは画家の描いた絵には風景が重要な役割を果たしていると指摘した（一二三頁参照）。たしかに画家は絞首台に下がる死体や車裂きの車輪を遠景に描き、それと対比して美しい自然の風景を構図に入れ込み再構成している。さらに、これから戦闘の場に臨もうと兵士たちが隊列を組み行軍する場面の前景に、犬にひかれて歩む盲目の乞食楽士を登場させ、見る側にひとつのドラマを提供しているのだ。

スイスの歴史研究は十五世紀の年代記に始まるとされている。その流れをうけ、ショードラーの『スイス年代記』が古チューリヒ戦争後六十余年を経て成立した。兵士たちが勇敢に戦った記憶を語り伝えようとしたのか、戦死者への鎮魂や追悼の意味を込めたのか、さまざまな見方や解釈が許されるであろう。

さて、盲目の乞食楽士の足跡をたずねる旅を通して、見聞きし触れた物語、そして戦闘に明け暮れた古チューリヒ戦争の時代から今日につながる土地の来歴、きびしい自然や風土のなかで人びとが培った独自の文化的伝統や信仰など、これら新たに知りえたことはもはや遠いかなたの記憶になりつつある。それらは時の流れとともにゆっくりと積み重ねられてゆくだろう。

一枚の乞食楽士の絵に始まる素朴な問いから、どれほどその時代固有の具体的なイメージを描くことができたであろうか。古戦場に想いを馳せそっと目を閉じると、心の奥に深く刻まれたあらゆる記憶のかけらはエッツェル山やチューリヒ湖の風景となって姿を現わし、眼前に広がる想いがする。そして耳を澄ませば、思いがけなく一編の歌が旋律とともにレクイエムのようによみがえり、どこからか聴こえてくる気がした。その後半部分を記して、この旅の締め括りとすることにしよう。

死んだ兵士の残したものは　こわれた銃とゆがんだ地球
他には何も残せなかった　平和ひとつ残せなかった

死んだかれらの残したものは　生きてるわたし生きてるあなた

他には誰も残っていない　他には誰も残っていない
死んだ歴史の残したものは　輝く今日とまた来る明日
他には何も残っていない　他には何も残っていない
（谷川俊太郎「死んだ男の残したものは」『谷川俊太郎詩集　続』思潮社、一九八三年）

時間がかかろうとも自分が納得のいくようなものをと思っていたが、あえてこの度拙文を公刊し区切りをつけることにした。

五百年前に描かれたヨーロッパの盲目の乞食の絵に出会ったのをきっかけに、盲人の歴史的な在り方を探ってきた。その途上で先学の方々が築き上げた研究成果や資料にめぐりあった。それらを出来る限り読み込み、実地調査で得た知見とあわせて示したささやかな書である。気がつかないあやまりや不備な点も多いことだろう。お読みいただいた方々には、ご叱正を賜りたいと願っている。

本書の第一章から第四章までは、松原孝俊編『韓国言語文化研究』第一九号（九州大学韓国言語文化研究会、二〇一一年）に発表した「聖人・托鉢修道士・吟遊詩人――ヨーロッパに盲人の足跡を辿る」に加筆、修正したものである。また、第五章から第七章までは今回新しく執筆した。

本書を完成することが出来たのは、多くの方々からご教示やお力添えを賜り、これまで励まし支えてくださったおかげである。

とりわけ、東靖晋、石井正己、采女里佐イザベル、江藤彰彦、エレニー・レーグリ、薦田治子、齋藤寛、重竹芳江、ジェラルド・グローマー、瀬原義生、服部英雄、フロリーン・レーグリ、町田三郎、松原孝俊、山田美紀子、横尾聡子、吉武宗平、渡辺信幸（敬称は略させていただいた）の各氏には多大なご教示とご支援を賜った。お礼の申し上げようもない。ご芳名を記して感謝の意を表すことをお許しいただきたいと思う。また、福岡県立図書館調査相談係諸氏のご尽力にも深く感謝している。

本書の刊行については海鳥社の西俊明社長にいろいろお世話にあずかった。心からお礼を申し上げたい。

本書が多くの方々のご支援の賜物であることをあらためて記し、重ねてお礼を申し上げる次第である。

二〇一五年九月

【参考文献】

青山吉信『アーサー伝説』（岩波書店、一九八六年）
上尾信也『楽師論序説 ―― 中世後期のヨーロッパにおける職業音楽家の社会的地位 ――』（国際基督教大学比較文化研究会、一九九五年）
上尾信也『吟遊詩人』（新紀元社、二〇〇六年）
アットウォーター・ドナルド、レイチェル・ジョン・キャサリン共著、山岡健訳『聖人事典』（三交社、一九九八年）
阿部謹也『阿部謹也著作集』第一巻（筑摩書房、一九九九年）
『阿部謹也著作集』第二巻（筑摩書房、一九九九年）
『阿部謹也著作集』第三巻（筑摩書房、二〇〇〇年）
『阿部謹也著作集』第四巻（筑摩書房、二〇〇〇年）
『阿部謹也著作集』第五巻（筑摩書房、二〇〇〇年）
新井裕子「中世イスラームの哲学者たちが語る音楽論」（西尾哲夫、堀内正樹、水野信男共編『アラブの音文化 ―― グローバル・コミュニケーションへのいざない』（スタイルノート、二〇一〇年））
市村卓彦『アルザス文化史』（人文書院、二〇〇二年）
イム・ホーフ・ウルリヒ著、森田安一監訳『スイスの歴史』（刀水書房、一九九七年）
イルジーグラー・フランツ、ラゾッタ・アルノルト共著、藤代幸一訳『中世のアウトサイダー』新装

版（白水社、二〇〇五年）
ヴィンターニッツ・エマーヌエル著、皆川達夫・礒山雅共訳『楽器の歴史』（ＰＡＲＣＯ出版、一九八〇年）
内田日出海『物語ストラスブールの歴史』（中央公論新社、二〇〇九年）
江川卓『謎とき『カラマーゾフの兄弟』』（新潮社、一九九一年）
オーラー・ノルベルト著、藤代幸一訳『中世の旅』（法政大学出版局、一九八九年）
オーラー・ノルベルト著、井本晌二、藤代幸一共訳『巡礼の文化史』（法政大学出版局、二〇〇四年）
オッフェ・F著、宇京頼三訳『アルザス文化論』（みすず書房、一九八七年）
カエサル・J著、中倉玄喜訳『〈新約〉ガリア戦記』（ＰＨＰ研究所、二〇〇八年）
加賀美雅弘・木村汎編『東ヨーロッパ・ロシア』朝倉世界地理講座10－大地と人間の物語（朝倉書店、二〇〇七年）
加藤康昭『盲教育史研究序説』（東峰書房、一九七二年）
カプラン・S・L著、高橋清徳訳「同業組合、《もぐり労働者》、そしてサン＝タントアーヌ城外地区」（鵜川馨、マックレイン・J・L、メリマン・J・M共編『江戸とパリ』（岩田書院、一九九五年）
蒲田裕子「アラビアの絃楽器『ウード』」（『あるくみるきく』一三五号（近畿日本ツーリスト、一九七八年））
川田順造『日本を問い直す――人類学者の視座』（青土社、二〇一〇年）

岸辺成雄「琵琶の淵源 ― ことに正倉院五絃琵琶について」(『唐代音楽の歴史的研究』続巻、楽理篇・楽書篇・楽器篇・楽人篇(和泉書院、二〇〇五年、原書一九三六年))
金賛會「本解『沈清クッ』考 ― 説経「松浦長者」とかかわって ―」『説話・伝承学』一号(説話・伝承学会、一九九三年)
クウィーン・S著、高橋梵仙訳『西洋社会事業史』(ミネルヴァ書房、一九六一年)
グラウト・ドナルド・ジェイ、パリスカ・クロード・V共著、戸口幸策・津上英輔・寺西基之共訳『新西洋音楽史』上(音楽之友社、二〇〇一年)
蔵持不三也『異貌の中世 ― ヨーロッパの聖と俗』(弘文堂、一九八六年)
蔵持不三也編『フランス・国境の地アルザス』(社会評論社、一九九〇年)
栗原成郎『ロシア異界幻想』(岩波書店、二〇〇二年)
黒川祐次『物語ウクライナの歴史』(中央公論新社、二〇〇二年)
ゲッツ・H・W著、津山拓也訳『中世の聖と俗 ― 信仰と日常の交錯する空間 ―』(八坂書房、二〇〇四年)
ゲーテ著、神品芳夫・浜川祥枝・前田和美・石井不二雄共訳『親和力』(『ゲーテ全集6』所収(潮出版社、一九七九年))
ゲーテ著、山崎章甫・河原忠彦共訳『詩と真実 ― わが生涯より』(『ゲーテ全集9』所収(潮出版社、一九七九年))
ゲーテ著、河原忠彦・山崎章甫共訳『詩と真実 ― わが生涯より』(『ゲーテ全集10』所収(潮出版

社、一九八〇年）
黄浿江『新羅仏教説話研究』（一志社、一九八六年）
今野國雄『修道院』（岩波書店、一九八一年）
シェフチェンコ著、小松勝助訳『コブザーリ』（訳者代表井上満『世界名詩集大成12ロシア篇』所収（平凡社、一九五九年、原書一八四〇年）
シューベルト・エルンスト「ドイツ中世都市におけるペテン師・売春婦・無頼の徒」（コルト・メクゼーパー、エリーザベト・シュラウト共編、瀬原義生監訳、赤阪俊一・佐藤専次共訳『ドイツ中世の日常生活――騎士・農民・都市民』（刀水書房、一九九五年））
ジョワンヴィル・J・ド著、伊藤敏樹訳『聖王ルイ――西欧十字軍とモンゴル帝国』（筑摩書房、二〇〇六年）
関口存男「解説」（『関口存男生誕100周年記念著作集』翻訳・創作篇2、J・J・C・v・グリンメルスハオゼン著『阿呆物語』上巻（三修社、一九九四年、原書一九四八年））
瀬原義生『ドイツ中世農民史の研究』（未来社、一九八八年）
瀬原義生『スイス独立史研究』（ミネルヴァ書房、二〇〇九年）
田中峰雄「中世都市の貧民観」（中村賢二郎編『前近代における都市と社会層』（京都大学人文科学研究所、一九八〇年））
谷川俊太郎「死んだ男の残したものは」『谷川俊太郎詩集　続』（思潮社、一九八三年）
ダヴァンソン・アンリ著、新倉俊一訳『トゥルバドゥール――幻想の愛』（筑摩書房、一九七二年）

張師勛著、金忠鉉訳『韓国の伝統音楽』（成甲書房、一九八四年）
張師勛著『韓国楽器大観』（서울大学校出版部、一九九四年）
月川和夫「ドルイドとギリシア・ローマ世界」（中央大学人文科学研究所編『ケルト――伝統と民俗の想像力』（中央大学出版部、一九九一年））
柘植元一「西アジア・中央アジアの音楽芸能」（岩波講座『日本の音楽・アジアの音楽』別巻Ⅱ、手引と資料Ⅱ（岩波書店、一九八九年））
デ・ウォラギネ・J著、前田敬作・山口裕共訳『黄金伝説』第二巻（人文書院、一九八四年）
手塚富雄「解説ドイツ中世文学」（グリンメルスハウゼン著、上村清延訳『阿呆物語――シンプリチシムスの数奇な生涯』〈世界文学全集古典篇第四巻・中世物語篇〉（河出書房、一九五一年））
出村彰『中世キリスト教の歴史』（日本キリスト教団出版局、二〇〇五年）
出村彰「解題」「解説」（出村彰・森田安一・内山稔共訳『宗教改革著作集』五巻（教文館、一九八四年））
出村彰「解題」（出村彰・南　純・石引正志・森田安一共訳『宗教改革著作集』六巻（教文館、一九八六年））
ドウソン・クリストファ著、野口啓祐訳『新版中世のキリスト教と文化』（新泉社、一九九六年）
ドロンケ・ピーター著、高田康成訳『中世ヨーロッパの歌』（水声社、二〇〇四年）
中村賢二郎「中世後期・近代初期ドイツの楽師」（中村賢二郎編『前近代における都市と社会層』（京都大学人文科学研究所、一九八〇年））

永井彰子「音の道――琵琶の場合」(『国文学解釈と教材の研究』三十七巻十四号(学燈社、一九九二年))
永井彰子『日韓盲僧の社会史』(葦書房、二〇〇二年)
永井彰子「中国にみる盲人文化」(松原孝俊編『韓国言語文化研究』第十七号(九州大学韓国言語文化研究会、二〇〇九年))
新倉俊一『ヨーロッパ中世人の世界』(筑摩書房、一九八四年)
新倉俊一・神沢栄三・天沢退二郎共訳『フランス中世文学集4――奇蹟と愛と』(白水社、一九九六年)
ハーパー・J著、本村凌二日本語版監修『十字軍の遠征と宗教戦争』(原書房、二〇〇八年)
波田節夫「解説永遠のユダヤ人」(ゲーテ著、松本道介ほか訳『ゲーテ全集2』(潮出版社、一九八九年))
バッハフィッシャー・マルギット著、森貴史・北原博・濱中春共訳『中世ヨーロッパ放浪芸人の文化史――しいたげられし楽師たち――』(明石書店、二〇〇六年)
林信明『フランス社会事業史研究――慈善から博愛へ、友愛から社会連帯へ』(ミネルヴァ書房、一九九九年)
原聖『〈民族起源〉の精神史――ブルターニュとフランス近代』(岩波書店、二〇〇三年)
ハリントン・ジョエル・F著、日暮雅通訳『死刑執行人　残された日記と、その真相』(柏書房、二〇一四年)

ハルトゥング・ヴォルフガング著、井本晌二・鈴木麻衣子共訳『中世の旅芸人――奇術師・詩人・楽士』（法政大学出版局、二〇〇六年）
バロン・エルンスト・ゴットリープ著、菊池賞訳『リュート――神々の楽器――』（東京コレギウム、二〇〇一年、原書一七二七年）
二見淑子『――民族の魂――グルジア・ウクライナの歌』（近代文藝社、一九九五年）
フランク・K・S著、戸田聡訳『修道院の歴史――砂漠の隠者からテゼ共同体まで』（教文館、二〇〇二年）
フランクラン・A編著、北澤真木訳『18世紀パリ市民の私生活　名高くも面白おかしい訴訟事件』（東京書籍、二〇〇一年）
フレンチ・R・S著、岡村正平訳『盲人の社会学的・教育学的研究』（東京教育大学教育学部特殊教育研究室、一九六九年、原書一九三二年）
フンケ・ジクリト著、高尾利数訳『アラビア文化の遺産』新装版（みすず書房、二〇〇三年）
ベーンケ・ハイナー「流浪者追放『放浪者の書』の歴史」（H・ベーンケ、R・ヨハンスマイアー共編、永野藤夫訳『放浪者の書　博打うち・娼婦・ペテン師』（平凡社、一九八九年））
ベネディクト著、古田暁訳『聖ベネディクトの戒律』（すえもりブックス、二〇〇〇年）
ペフゲン・ペーター著、田代城治訳『図説ギターの歴史』（現代ギター社、一九九七年）
ベンヤミン・W著、高木久雄編『ゲーテ親和力』（ヴァルター・ベンヤミン著作集5（晶文社、一九八二年））

前嶋信次「吟遊詩人とアラビア文化――アンダルシアとプロヴァンス――」（芳賀徹・平川祐弘・亀井俊介・小堀桂一郎共編『講座比較文学』六巻　東西文明圏と文学（東京大学出版会、一九七四年））
松田嘉子「アラブ音楽の見取り図――古典音楽」（関口義人編『アラブ・ミュージック――その深遠なる魅力に迫る』（東京堂出版、二〇〇八年））
マユール・J＝M著、中本真生子訳「アルザス国境と記憶」（ピエール・ノラ編『記憶の場――フランス国民意識の文化＝社会史』第一巻対立（岩波書店、二〇〇二年））
マルカル・J著、金光仁三郎・渡邉浩司共訳『ケルト文化事典』（大修館書店、二〇〇二年）
マルレ・J・H画、ド・ベルティエ・ド・ソヴィニー・ギョーム文、鹿島茂訳『タブロー・ド・パリ』（藤原書店、一九九三年）
マンセッリ・R著、大橋喜之訳『西欧中世の民衆信仰――神秘の感受と異端』（八坂書房、二〇〇二年）
望月市恵「前書き」（グリンメルスハウゼン著・望月市恵訳『阿呆物語』上（岩波書店、一九五三年））
森田安一『スイス――歴史から現代へ（地域主義・直接民主政・武装中立）』（刀水書房、一九八〇年）
森田安一「都市チューリヒの「船乗り」ツンフトについて――ツンフト内部構成の変化と政治体制をめぐって――」（森田安一編『スイスの歴史と文化』（刀水書房、一九九九年））

森田安一『物語スイスの歴史』（中央公論新社、二〇〇八年）
八塚春児著『十字軍という聖戦　キリスト教世界の解放のための戦い』（日本放送出版協会、二〇〇八年）
ヨハンスマイアー・ロルフ「貧者への恐れ　上ラインの貧者の群れ」（H・ベーンケ、R・ヨハンスマイアー共編、永野藤夫訳『放浪者の書　博打うち・娼婦・ペテン師』（平凡社、一九八九年））
ラング・P・H著、酒井諄、谷村晃、馬渕卯三郎監訳『西洋文化と音楽』上（音楽之友社、一九八三年）
ラングロワ・C著、谷川稔訳「カトリック教会と反教権＝世俗派」（ピエール・ノラ編『記憶の場──フランス国民意識の文化＝社会史』第一巻対立（岩波書店、二〇〇二年））
林安秀『視覚障碍者教育研究』一─一（檀国大学校特殊教育研究所、一九八七年）
リンドバーグ・C著、木寺廉太訳『キリスト教史』（教文館、二〇〇七年）
ル・ゴフ・J著、岡崎敦・森本英夫・堀田卿弘共訳『聖王ルイ』（新評論、二〇〇一年、原書一九九六年）
ル・ゴフ・J著、桐村泰次訳『中世西欧文明』（論創社、二〇〇七年）
レプゴウ・アイケ・フォン著、久保正幡・石川武・直居淳共訳『ザクセンシュピーゲル・ラント法』（創文社、一九七七年、原書一二二〇年代）
若林忠宏『アラブの風と音楽』（ヤマハミュージックメディア、二〇〇三年）
若林忠宏『もっと知りたい　世界の民族音楽』（東京堂出版、二〇〇四年）

渡邊昌美著『フランスの聖者たち —— 古寺巡礼の手帖』（大阪書籍、一九八四年）
DANCKERT Werner „Unehrliche Leute. Die verfemten Berufe" (Francke Verlag, 1963).
Farrell, Gabriel. *The Story of Blindness.* (Harvard University Press, 1956).
Kononenko, Natalie. *Ukrainian Minstrels — And the Blind Shall Sing.* (M.E.Sharpe, 1998).
Le Minor, J.M. Troestler, A. Billmann, F. *Le Mont Sainte – Odile.* (I.D.l' Edition, 2008).
Lord, Albert Bates. *The Singer of Tales*. (Harvard University Press, 1960. Stephen Mitchell and Gregory Nagy, editors-2nd ed. 2003).
PÄFFGEN Peter „ Laute und Lautenspiel in der ersten Hälfte des 16. Jahrhunderts" (Gustav Bosse Verlag, 1978).
Rutebeuf, Histoire physique, civile et morale de Paris(1842). (https://archive.org/stream/histoirephysiquOObeli goog#page/n516/mode/2up).

A Blind Begging Musician Led by a Dog in Europe

Akiko Nagai

In the Heian Period appeared blind people in Japan who played the *biwa*, a Japanese lute, and sang tales. They were called *biwa hoshi*. Afterwards the word "*moso*," began to be used to refer to a "blind monk." The last *moso* was active in the Kyushu area until 2010. At first, *moso* chanted Buddhist sutras playing the *biwa*, and later they began singing tales. In various pictures *biwa hoshi* and *moso* are shown being barked at and chased by dogs.

An interesting contrast is provided by an illustration included in *Die Eidgenössische Chronik des Wernher Schodoler* (*The Swiss Chronicle by Wernher Schodoler*), written in the early 16th century, which shows a blind beggar led by a dog. The blind in the East and the West are depicted quite differently in relation to dogs. The author of the present work, whose imagination was excited by those pictures, became interested in what the blind were historically in Europe. The purpose of this book is to find out how the blind existed in Europe in the past and to follow their paths.

Chapter One deals with the legend of Saint Odile in Alsace, who was born blind and recovered her sight at baptism. Furthermore, it describes the history of Mount Saint Odile, which begins with establishment of the Pilgrimage Church of St. Ottilien

and the Abbey of Hohenburg in the 7th century. Mount Saint Odile passed its prime in the 12th century, but afterwards its convent has been repeatedly destroyed and rebuilt to this day. The author points out the movements of the holy relics of Saint Odile and her adherents, illustrating the spread of the faith in this saint. Saint Odile had already been recognized as the patron saint of the partially sighted and visually handicapped, but was proclaimed to be the patron saint of Alsace by Pius XII in 1946.

Chapter Two overviews the life of Saint Harvey in Brittany in the 6th century. According to the tradition, Harvey was a son of a Celtic bard and born blind. His father died just after he was born, and his mother left when he was seven. Hervey wandered about, guided by a dog, from village to village, singing and begging. Later, he helped his uncle who was a monk, became a monk himself, and founded a monastery. After Christianity was officially accepted in the 4th century, the idea spread that one could cleanse one's sin by giving charitable gifts to the poor. Afterwards, people offered charity to the disabled, including the blind. The idea that people who dispense charity are assured of salvation became an element of charity and relief in the Middle Ages.

Chapter Three is focused on the Hôpital des Quinze-Vingts, an institution for the blind, founded by Louis IX in Paris in the 13th century. People had to be members of the clergy in order to be admitted to the institution. Those admitted had the privilege of

tax exemption and mendicant pilgrimage. Under some conditions, monks and nuns were even allowed to marry. The blind and the sighted lived together. The autonomous organization of those admitted controlled the activities of daily life. In 1780, the Hôpital des Quinze-Vingts moved to its current location at rue de Charenton and expanded its facilities. At that time, influenced by the Enlightenment, Valentin Haüy conducted the education of blind children and founded a school for the blind. In the late 19th century the Hôpital des Quinze-Vingts established a clinic, and later built an eye hospital to which people could be admitted. Subsequently, this facility developed into the Centre Hospitalier National d'Ophtalmologie des Quinze-Vingts (Quinze-Vingts National Eye Hospital), which has been a center of ophthalmic treatment.

Chapter Four deals with blind minstrels in Ukraine and former Yugoslavia. Making major reference to *Ukrainian Minstrels — And the Blind Shall Sing* by Natalie Kononenko, the chapter describes blind *kobzari* (minstrels playing the *kobza*, a Ukrainian lute) and *lirnyky* (minstrels playing the *lira*, a Ukrainian hurdy-gurdy) in Ukraine. *Kobzari* and *lirnyky* lived in hospices, received religious and musical education, and became mendicants. Moreover, they set up a guild of the blind. From the early 15th century they handed down *duma*, or folk epics, by word of mouth. When Stalin's purge began in the 20th century, most of the *kobzari* were purged because the *duma* was

associated with nationalism. Today, minstrels have revived; however, many of them are sighted people. Kononenko named Pavlo Suprun, who sings accompanied by the *bandura,* a successor of *kobza*, as an example of a traditional blind minstrel. Furthermore, the chapter describes oral minstrels in former Yugoslavia, drawing on *The Singer of Tales* by Albert B. Lord. Although those minstrels were illiterate, they sang epics accompanied on the *gusle*, a single-stringed musical instrument. In the same manner as the epic of Homer, those epics were composed as the minstrels sang, and the epics were comprised of traditional formulas with a regular rhythm. The author focused her attention on the process through which the minstrels learned singing, and concentrated on blind beggars offered as examples by Lord. Singing was their profession. Although not all of them were good singers, some became excellent performers.

These instances of the blind, surveyed in the four chapters, differ according to the times and location. They were selected based on the author's interests. However, those instances can be considered varieties of blind people's activities. Afterwards, the author explored where the illustration of a blind begging musician and a dog, included in *The Swiss Chronicle by Wernher Schodoler*, was drawn.

Making use of *The Swiss Chronicle by Wernher Schodoler* and *Die Schweizer Bilderchroniken des 15./16. Jahrhunderts* (*The Swiss Illustrated Chronicle in the 15th/16th Centuries*) by

Walter Muschg, Chapter Five reveals the following with regard to the illustration of a blind begging musician and a dog. This picture is one of several colored pen drawings drawn by various artists accompanying the text. It is included in a series of pictures that depict soldiers marching during the Old Zurich War. Only this picture shows a blind person, who has come across the soldiers at Mt. Etzel.

Chapter Five also focuses on the Old Zurich War and the Burgundian Wars, both of which form the historical background to *The Swiss Chronicle by Wernher Schodoler*, and then the chapter describes what the 15th and 16th centuries were like. In addition, the chapter reports the author's field survey of the Einsiedeln Abbey. Meanwhile, using *Der abenteuerliche Simplicissimus* (*The Adventurous Simplicissimus*), a novel written in the 17th century, the author tried to interpret the custom of pilgrimage to the Einsiedeln Abbey and the mood of the people at that time.

Chapter Six examines how the social status of the traveling performers and musicians changed from the medieval era to the modern era. At the bottom rung of those performers were those who had no choice but to travel around and depend on people's pity and alms. Many of them were the blind, elderly and disabled. *Liber Vagatorum* (*The Book of Vagabonds*), published in the early 16th century, revealed all the tricks used on people by 28 types of vagabonds, including beggars and false preachers. An illustration in the book shows a blind false preacher playing the lute in front

of a church. He sang songs of foreign countries where he had never been and told his tale about why he went blind. He is reminiscent of *biwa hoshi* and *moso*, who sang playing the *biwa* and told tales in Japan during the same period.

Chapter Seven features two musical instruments, the *biwa* and lute, which derive from the *barbat,* an ancient Persian lute. The *barbat* introduced to the East was called *biwa*, and came down the Korean Peninsula to Japan from Tang Dynasty China. On the other hand, the *barbat* introduced to the West was the origin of the oud. Furthermore, the lute was descended from the *barbat,* and spread throughout Europe. At first, both the *biwa* and lute fascinated the court and nobility of their regions. Subsequently, these instruments also prevailed among the common people, and became popular musical instruments that were available to anyone. In the East and the West the blind took up the *biwa* and lute, respectively, but both sang songs and told tales.

Lastly, there remains one question: where was that blind begging musician going, led by a dog, on the battlefield? The author concluded from collateral evidence that he was going on a pilgrimage to the Einsiedeln Abbey.

永井彰子（ながい・あきこ）　1936年生まれ。東北大学卒業、九州大学大学院博士課程修了、比較社会文化博士（九州大学）。
単著に『日韓盲僧の社会史』（葦書房、2002年）。共著に『日本伝説体系　第10巻　山陽』（みずうみ書房、1987年）、『大系日本歴史と芸能　第六巻　中世遍歴民の世界』（平凡社、1990年）、『身分的周縁』（部落問題研究所出版部、1994年）、『岩波講座 日本文学史　第16巻　口承文学１』（岩波書店、1997年）、『岩波講座 歌舞伎・文楽　第３巻　歌舞伎の歴史Ⅱ』（岩波書店、1997年）。編著に『福岡県史　文化史料編　盲僧・座頭』（福岡県、1993年）などがある。

聖人《せいじん》・托鉢《たくはつ》修道士《しゅうどうし》・吟遊詩人《ぎんゆうしじん》
ヨーロッパに盲人の足跡を辿る

■

2015年10月20日　第1刷発行

■

著　者　永井彰子
発行者　西　俊明
発行所　有限会社海鳥社
〒812-0023　福岡市博多区奈良屋町13番4号
電話092（272）0120　FAX092（272）0121
http://www.kaichosha-f.co.jp
印刷・製本　大村印刷株式株式会社
［定価は表紙カバーに表示］
ISBN978-4-87415-955-2